VOCABULAIRE DE
L'HABILLEMENT

BIBLIOTHÈQUE ADMINISTRATIVE
Conseil du trésor. Services gouvernementaux
Éléments de catalogage avant publication

Dupré, Céline.

Vocabulaire de l'habillement : vocabulaire français-anglais / Céline Dupré, Françoise Hudon; [préparé à la Direction des services linguistiques de l'Office québécois de la langue française]. — — 3ᵉ éd. rev. et corr. — — Sainte-Foy, Québec : Publications du Québec, 1994.

(Cahiers de l'Office québécois de la langue française)
« Terminologie technique et industrielle »

Bibliogr.
ISBN 2-551-15982-2

1. Vêtements — Dictionnaire   2. Vêtements — Dictionnaires anglais   3. Français (Langue) — Dictionnaires anglais.   4. Anglais (Langue) — Dictionnaires français I. Hudon, Françoise.   II. Québec (Province). Office de la langue française. Direction des services linguistiques.   III. Titre.   IV. Collection.

A11 L3 C3/

Cahiers de l'Office québécois
de la langue française

VOCABULAIRE DE
L'HABILLEMENT

TROISIÈME ÉDITION REVUE ET CORRIGÉE

Terminologie technique et industrielle

Vocabulaire français-anglais

Céline Dupré – Françoise Hudon

LES PUBLICATIONS DU QUÉBEC  Québec

Ce vocabulaire a été préparé
à la Direction des services linguistiques
de l'Office québécois de la langue française

Cette édition a été produite par
Les Publications du Québec
1500 D, rue Jean-Talon Nord
Sainte-Foy (Québec)
G1N 2E5

Traitement de texte
Ginette Chabot

Conception graphique de la couverture
Design et Infographie Eurêka

La terminologie répertoriée dans la présente publication fait partie du
Grand dictionnaire terminologique consultable dans le site de l'Office
québécois de la langue française : www.oqlf.gouv.qc.ca

Dépôt légal — 1994
Bibliothèque nationale du Québec
Bibliothèque nationale du Canada
ISBN 2-551-15982-2
© Gouvernement du Québec, 1994

Avant-propos

Le *Vocabulaire de l'habillement* dont la première édition, préparée par Céline Dupré et son équipe, date de plusieurs années constituait le premier ouvrage de cette envergure publié dans la francophonie. Il arrivait au moment où la promotion de la langue française dans la société québécoise fit constater qu'il existait de grandes lacunes dans les langues spécialisées, notamment dans la terminologie vestimentaire qui était pauvrement répertoriée même dans les ouvrages français.

Cette publication fut donc acclamée par tous ceux qui lui reconnurent le rôle de combler un besoin indéniable au Québec, particulièrement chez les publicitaires de la mode, et sa popularité dépassa même les frontières du Québec.

La troisième édition que l'Office de la langue française présente aujourd'hui constitue une mise à jour de ce premier vocabulaire. Le souci de tenir compte davantage de la variation linguistique qui favorise souvent l'implantation de la terminologie fut en partie à l'origine du rajeunissement de cet ouvrage. Certains termes proposés à l'époque ne se sont pas imposés à l'usage, c'est le cas par exemple d'*esquimau*, combinaison d'hiver pour les enfants, qui n'a pu déloger *habit de neige*, tandis que le régionalisme *mitaine* est toujours préféré à *moufle*.

En outre, malgré les efforts déployés pour éviter les pièges de la mode, certains des vêtements décrits ne se portent plus et d'autres ont fait leur apparition. Cette troisième édition veut aussi considérer cet aspect et, pour ce faire, on a dû ajouter quelques termes et en supprimer d'autres. Cependant, la nouveauté de l'ouvrage se situe davantage dans sa forme, c'est-à-dire dans son adaptation à l'évolution de la méthode de recherche terminologique et à la présentation actuelle des Cahiers de l'Office de la langue française. Ainsi, pour faciliter la consultation, les synonymes français et les formes abrégées font l'objet d'entrées-renvois et non pas d'un index. Les autres changements de présentation sont signalés dans les remarques liminaires.

Malgré les changements, somme toute mineurs sur le plan de la conception, de cette troisième édition, le *Vocabulaire de l'habillement* demeure l'ouvrage de référence par excellence qu'on a su reconnaître, à juste titre, en terminologie vestimentaire, et sa mise à jour ne tend qu'à lui redonner une actualité plus grande.

Françoise Hudon

Introduction

« ... il n'y a rien qui tant soit peu
compte dans notre expérience qui tôt
ou tard ne passe par le langage ... »
Paul Imbs, *Trésor de la langue française*

Nul ne s'aviserait de nier que, depuis des temps fort lointains, l'habillement est un élément de civilisation important, et ce, moins à cause de sa fonction protectrice qu'en raison du rôle complexe qu'il joue dans les relations humaines. De nos jours, le vêtement occupe une place plus grande que jamais dans notre société capitaliste en tant que bien de consommation par excellence. En effet, les articles vestimentaires étant soumis aux ukases d'une mode qui varie à un rythme sans cesse croissant, on en achète beaucoup plus que l'on n'en use. Cela signifie donc que l'on en crée, fabrique, vend et parle énormément. Depuis l'apparition du prêt-à-porter et le développement de l'information tant publicitaire que journalistique, on assiste à la diffusion massive de ce que Roland Barthes appelle, dans le *Système de la mode*, le « vêtement écrit », c'est-à-dire décrit. C'est ainsi que se véhicule une langue spécialisée dont le vocabulaire, parce qu'il a bien peu retenu l'attention des lexicographes francophones, évolue d'une façon anarchique, ce qui constitue une source de confusion pour les sujets parlants, soit dans leur existence personnelle, soit dans l'exercice de leur profession.

Issu du pressant besoin de précision et de clarté qui se fait sentir dans la terminologie vestimentaire, cet ouvrage est destiné au grand public en général, mais plus particulièrement aux rédacteurs publicitaires, aux chroniqueurs de mode, aux traducteurs, aux enseignants ainsi qu'à tous ceux qui œuvrent dans les domaines de la fabrication et du commerce de l'habillement. L'instrument de connaissance qui leur est fourni ne porte pas, à proprement parler, sur la mode, quoiqu'il n'y soit pas étranger, le corpus sur lequel nous avons travaillé n'étant pas intemporel. Ainsi, on y chercherait en vain des articles qui traitent des styles ou des couleurs. Par ailleurs, on n'y trouvera pas davantage de nomenclature relative à la chaussure ou aux textiles, ces domaines faisant l'objet d'autres publications de l'Office de la langue française.

Essentiellement, la présente publication comprend des noms de vêtements, de parties de vêtements et d'accessoires vestimentaires, les sacs et les bijoux ayant été exclus parce qu'ils ne sont que des compléments de la toilette. Ont été également recensés certains autres termes relatifs à l'habillement (verbes, locutions, noms de mesure et de longueurs, etc.), ou faisant partie de domaines connexes (comme la coupe, la couture, la mercerie, la passementerie), et qui peuvent servir à l'identification ou à la description d'un vêtement, sans toutefois constituer un lexique de l'étiquetage.

Comme notre propos n'était pas d'étudier la terminologie du costume, nous avons écarté les dénominations des vêtements militaires, religieux, liturgiques, nationaux, folkloriques, etc., à l'exception de ceux d'entre eux qui ont été adaptés et largement diffusés par la mode, et dont la forme originelle n'a été que brièvement évoquée. En outre, nous n'avons répertorié que les vocables et acceptions qui correspondent à des réalités actuelles. Notre sélection, il faut le reconnaître, comporte une part d'arbitraire qui est inévitable, car la notion d'actualité, ici, n'est pas facile à cerner avec précision. Ainsi, nous n'avons pas retenu le mot *crinoline* qui, pour la jeunesse d'aujourd'hui, appartient exclusivement à l'histoire. Pourtant, le nom comme la chose peuvent ne pas paraître tellement désuets aux plus de quarante ans qui, après la seconde guerre mondiale, ont connu une version modernisée de cet encombrant jupon du XIXe siècle, version qui risque de retrouver de la vogue à plus ou moins brève échéance, à la faveur de la mode rétro.

Au cours de la rédaction de ce vocabulaire, on nous a souvent demandé comment nous procédions pour dresser l'inventaire de tous les vocables devant y figurer. Cette question nous paraissait d'autant plus pertinente que, malgré de sérieuses recherches, nous n'avions pu découvrir aucun répertoire un tant soi peu étendu de termes français relatifs à l'habillement. C'est dire que, en plus de puiser dans notre propre expérience quotidienne, nous avons dû compulser une masse imposante de documents, en commençant par les grands dictionnaires de langue ou de type linguistique-encyclopédique, le Robert nous servant de guide grâce à ses nombreux renvois analogiques. Mais, comme les dictionnaires sont forcément en retard sur l'usage, particulièrement dans un domaine comme l'habillement, nous avons en outre dépouillé, notamment, des recueils de néologismes, des traités portant sur la confection des vêtements, et surtout des catalogues de grands magasins, des revues féminines, des périodiques spécialisés consacrés à la mode, aux industries et au commerce de l'habillement.

Nous avons choisi le français comme langue de départ pour, d'abord, faire connaître aux Québécois toutes les ressources de leur propre langue. Ainsi, nous évitions de ne mettre à leur disposition qu'un vocabulaire de traduction où certains mots français n'auraient pu trouver place, faute d'être pourvus d'équivalent anglais. Évidemment, les exigences de la traduction de l'anglais vers le français, qui sont si impérieuses chez nous, n'ont pas été perdues de vue pour autant, comme en fait foi l'index qui permet de repérer les quelque mille termes anglais que comprend notre ouvrage.

Toutefois, sans vouloir relancer l'épineux débat sur l'accueil des mots anglais, soulignons que l'on ne devrait pas se scandaliser des quelques emprunts que nous avons entérinés. Étant donné l'interférence accrue des civilisations qui résulte de l'essor des communications internationales, une certaine osmose d'ordre linguistique est inévitable.

Par ailleurs, la recherche terminologique relative à l'habillement ne comporte pas l'étude de notions techniques ou scientifiques très compliquées et peut, de ce fait, paraître relativement aisée. Mais c'est justement parce que le lexique vestimentaire n'a rien à voir avec la science, et fort peu avec la technique, que le terminologue se trouve démuni en sa présence. Sur quelle somme de connaissances rigoureusement établie et mise à jour peut-il fonder ses travaux? Il en est réduit à glaner à droite et à gauche, dans les traités de coupe et de couture, la presse, la publicité et même la littérature, des bribes de notions, des éléments de définitions qui, le temps d'être réunis et analysés, sont souvent déjà périmés. Car la rapidité avec laquelle la langue de l'habillement se transforme est liée à l'accélération actuelle de l'évolution de la mode vestimentaire, peut-être la plus grande que l'histoire ait jamais connue. Non seulement de nouveaux termes naissent sans cesse, tandis que d'autres ressuscitent ou sont promptement relégués aux oubliettes, mais surtout les acceptions se modifient fréquemment, ce qui ne constitue pas la moindre des raisons pour lesquelles définir un nom de vêtement devient un exercice de sémantique singulièrement périlleux. Comme le constate fort justement Maurice Schöne dans *Vie et mort des mots*, parmi les causes des changements sémantiques, « le rôle de la mode est considérable, surtout si nous prenons le mot mode avec son sens restreint d'adaptation immédiate au goût du jour. Pour étiqueter telle manifestation de la mode, ou l'on se sert d'un mot déjà existant auquel on donne un sens nouveau, ou l'on crée un mot nouveau. La mode tombée (et le fait est souvent très rapide), le mot (ou le sens) tombe avec elle, à moins qu'il n'aille servir ailleurs. »

Bien entendu, l'équipe de rédaction s'est efforcée de décrire les articles vestimentaires sous leur aspect le plus classique, donc le moins transitoire. Cependant, sans aller jusqu'à prétendre, comme le faisait Bruno de Roselle en 1973, dans *La Crise de la mode*, que « le classique réel a totalement disparu », nous n'avons pu faire abstraction des variations les plus importantes imposées par la mode des dernières années. Mais il s'agissait, avant tout, d'éviter un double piège. En effet, nous devions nous garder d'une crainte exagérée de nous compromettre, qui nous aurait fait définir le signifiant d'une façon tellement schématique que le signifié en serait devenu difficilement identifiable par le lecteur. En revanche, il fallait résister à la tentation d'une trop grande précision qui nous aurait amenée à entrer dans un luxe de détails susceptibles de faire vieillir prématurément le présent ouvrage.

La question délicate des traits sémantiquement pertinents qui se pose à tout terminologue devient, dans le domaine de l'habillement, particulièrement ardue. On le croira aisément si l'on a remarqué à quel point le nombre de définitions des grands dictionnaires relatives au vêtement peuvent être vagues. Qu'est-ce qui fait, au juste, qu'un article vestimentaire se différencie spécifiquement d'un autre? Quelles sont donc les caractéristiques permettant de le reconnaître et de le nommer avec facilité et certitude? Et parmi celles-ci, lesquelles sont essentielles et lesquelles sont accessoires? Tout le problème est de savoir à partir de quelle modification un article cesse d'être lui-même pour en devenir un autre et changer de nom. Ainsi, on pourrait croire qu'une caractéristique fondamentale du blouson est de blouser. Néanmoins, la mode a imaginé des blousons qui ne blousent pas et qui n'en ont pas, pour autant, perdu leur nom. Par contre, il se crée tous les jours une multitude de modèles de vêtements hybrides que l'on est réduit à désigner par des périphrases, parce qu'ils ne correspondent à aucune dénomination existante. On s'essoufflerait vite à vouloir les baptiser tous, d'autant plus qu'il faudrait agir avec une extrême rapidité, vu le caractère éphémère de la plupart d'entre eux.

Né, comme toutes les terminologies, de la nécessité de faciliter la communication entre les humains, ce travail devrait être considéré comme un essai, en ce sens qu'il est le premier du genre et qu'il n'a pas la prétention d'épuiser un sujet en perpétuelle mutation. Tout en prenant soin de ne pas faire du *Vocabulaire de l'habillement* une sorte de denrée périssable, nous avons voulu, pourrais-je dire en pastichant les frères Goncourt, y représenter l'ondoyante réalité vestimentaire dans sa vérité momentanée.

Même s'il a d'abord été conçu en fonction des besoins de la population du Québec, nous osons espérer que le *Vocabulaire de l'habillement* pourra être utile aux autres communautés linguistiques.

Au terme d'un long et patient labeur, je désire remercier les personnes qui, successivement, ont pris part à l'élaboration du *Vocabulaire de l'habillement*. Je tiens à souligner particulièrement l'importance de la participation de mesdames Ghislaine Pesant et Marguerite Montreuil aux travaux de rédaction, cette dernière ayant été ma principale collaboratrice sans laquelle le présent ouvrage ne serait pas ce qu'il est.

Céline Dupré

Abréviations et remarques liminaires

abrév.	abréviation	n. f.	nom féminin
adj.	adjectif	n. m.	nom masculin
angl.	anglais	pl.	pluriel
CA	Canada	QC	Québec
ex.	exemple	Syn.	synonyme
FR	France	v.	verbe
ill.	illustration	v. intr.	verbe intransitif
invar.	invariable	V. o.	variante orthographique
loc. adj.	locution adjectivale	v. pron.	verbe pronominal
loc. adv.	locution adverbiale	v. tr.	verbe transitif

Les articles terminologiques de ce vocabulaire, regroupés selon l'ordre alphabétique continu, comprennent une entrée française suivie, le cas échéant, d'un ou de plusieurs synonymes séparés par des points-virgules, ainsi que, le plus souvent, un équivalent anglais qui peut également être suivi d'un ou de plusieurs synonymes séparés aussi par des points-virgules.

Des indices numériques (1, 2, etc.) peuvent accompagner les termes français, aussi bien que leurs équivalents anglais, lorsque ces termes présentent des acceptions distinctes ou peuvent s'utiliser dans des contextes différents.

La définition des termes suit les entrées et des notes terminologiques, techniques ou linguistiques viennent parfois compléter les articles terminologiques.

Les variantes orthographiques, les abréviations et les synonymes français font l'objet d'une entrée-renvoi, indiquées par les abréviations V. o. de, Abrév. de, ou Syn. de, qui renvoient au terme principal.

Des illustrations où figurent plus de 250 termes suivent le vocabulaire proprement dit, ainsi qu'une bibliographie. Un seul index, dont les références numériques renvoient aux articles, regroupe les termes anglais qui apparaissent dans la nomenclature et dans les notes.

Vocabulaire

1. agrafe n. f.
hook and eye

Petit crochet de métal que l'on fait passer soit dans un anneau (ou porte) en forme de fer à cheval, soit dans une bride de métal, de cordonnet ou de fil et qui sert à joindre les bords d'une ouverture d'un vêtement ou d'une partie de vêtement.

2. aller v. intr.
to fit (pour ce qui est de la taille ou de la coupe);
to suit (pour ce qui est du style et de la couleur)

Convenir, être seyant, en parlant d'une pièce d'habillement, être de la bonne taille. Ex. : Le vert va bien aux rousses. Croyez-vous vraiment que ce chemisier aille avec cette jupe ?

Note. — Employer faire pour aller est impropre.

3. ampliforme
Syn. de **coussinet**

4. anorak n. m.
anorak;
parka 1;
ski jacket;
wind-jacket;
squall (pour la mer)

Veste de sport avec ou sans capuche portée notamment pour le ski, le camping et à la mer.

Notes. — 1. L'anorak est un vêtement plus ou moins chaud selon l'usage auquel il est destiné, plutôt léger, imperméable, garni ou non de fourrure, souvent coulissé à la base et au capuchon et pourvu de manches longues resserrées aux poignets par un bord-côte élastique. À l'origine, l'anorak s'enfilait par la tête et comportait une poche centrale sur le devant. Le modèle le plus courant, de nos jours, se ferme entièrement devant par une glissière séparable. (Voir ill. n°s 41 et 42.)
2. On confond parfois la cagoule et l'anorak parce que ce dernier, primitivement, se mettait en le faisant passer par-dessus la tête. Il ne faut pas le confondre non plus avec **parka** (voir ce terme).

5. application
Syn. d'**applique**

6. applique n. f.;
application n. f.
appliqué

Garniture obtenue par la superposition sur un vêtement d'une pièce de dentelle, de broderie ou d'autre matière, de couleur contrastante ou ton sur ton. (Voir ill. n° 142.)

7. ardillon n. m.
tongue;
catch

Pointe de métal mobile fixée au milieu de la barrette d'une boucle de ceinture et que l'on introduit dans un des crans de celle-ci, pour l'assujettir. (Voir ill. n° 208.)

8. armature (de soutien-gorge) n. f.
underwiring;
wire

Chacun ou ensemble des demi-cercles de métal ou de matière plastique, camouflés à la base des bonnets d'un soutien-gorge, qui assurent un meilleur support à la poitrine tout en séparant bien les seins. (Voir ill. n° 156.)

9. ascot n. f.
ascot tie

Large cravate rétrécie à la partie qui entoure le cou grâce à une série de plis parallèles cousus.
Notes. — 1. L'ascot se noue lâchement sous le menton, et ses extrémités en pointe tombent en se superposant. Elle se porte à l'intérieur d'un col de chemise ouvert. (Voir ill. n°s 273 et 274.)
2. Ne pas confondre avec **lavallière** (voir ce terme).
3. Pluriel : **ascots**.

10. attache n. f.
fastening;
fastener

Objet servant à attacher.

Note. — Les principales attaches, pour l'habillement sont les agrafes, les boutons, les cordons, les rubans, les boucles. (Voir ill. n° 96.)

B █████████████████████████

11. baguette n. f.
stitching

Motif qui, dans un gant classique, orne la partie qui recouvre le dessus de la main.

Note. — Au nombre de trois, les baguettes sont formées de nervures ou de broderies simulant les métacarpes de l'index, du médius et de l'annulaire. (Voir ill. n° 21.)

12. bain-de-soleil n. m. invar.
sun-top

Petit corsage largement décolleté que l'on porte, en principe, pour bronzer.

Note. — Le bain-de-soleil comporte soit une encolure en forme de licou qui laisse le dos et les épaules nus (angl. : *halter top*), soit des bretelles. (Voir ill. n° 92.)

13. bandeau 1 n. m.
bandeau 1

Bande de tissu ou d'autre matière dont on s'entoure la tête.

14. bandeau 2 n. m.
cap-band

Partie qui, dans certaines coiffures, entoure la tête, le front. Ex. : bandeau d'un képi.

15. bandeau 3 n. m.
bandeau 2

Soutien-gorge léger formé d'une simple bande de tissu et pourvu ou non de bretelles (souvent amovibles).

Note. — Conçu pour les poitrines d'aspect juvénile, le bandeau peut faire partie d'un maillot de bain deux-pièces.

16. barboteuse n. f.
rompers;
V. o. *romper;*
crawlers;
V. o. *crawler;*
creepers
V. o. *creeper*

Combinaison de jour pour jeunes enfants, constituée d'une blouse se prolongeant en culotte.

Note. — Le corsage de la barboteuse, le plus souvent à manches courtes, peut être remplacé par une bavette à bretelles. Sa culotte, souvent bouffante, est pourvue d'une patte d'entrejambe détachable.

17. barrette n. f.
chape;
bar

Traverse d'une boucle autour de laquelle vient se replier l'enchapure.

Note. — La plupart du temps, la barrette est pourvue d'un ardillon. (Voir ill. n° 207.)

18. bas n. m.
stocking;
hose

Vêtement féminin, tricoté à la main ou à la machine, qui gaine le pied et la jambe et monte plus haut que le genou. (Voir ill. n° 223.)

19. bas-cuissarde n. m.
thigh-high stocking;
overknee sock

Bas montant un peu au-dessus du genou, comme la cuissarde. (Voir ill. n° 224.)

Note. — Pluriel : **bas-cuissardes**.

20. bas-culotte n. m.;
  bas-slip n. m. (FR);
  collant n. m.
panty hose

Ensemble de deux bas qui se prolongent de façon à former une culotte, renforcée ou non, qui est retenue par une ceinture élastique au niveau de la taille.

Notes. — 1. On doit éviter d'employer bas-culotte au pluriel pour désigner un seul article.
2. Pluriel : **bas-culottes**.

21. bas-culotte non renforcé n. m.
all-nude panty hose

22. bas élastique n. m.
  Termes à éviter : bas de soutien;
  bas-support; bas de relaxation
support hose

Bas (ou bas-culotte) extensible que l'on porte dans le but de prévenir ou de dimi-nuer la fatigue des jambes, ainsi que les troubles circulatoires pouvant causer la formation de varices.

23. bas-jarretière n. m.
stay-up hose

Bas qui colle parfaitement à la jambe et qui est maintenu en place à l'aide d'une bande élastique fixée à la partie supé-rieure du bas.

Notes. — 1. Ce terme est préférable à bas autofixant.
2. Pluriel : **bas-jarretières**.

24. basque 1 n. f.
lap (d'une veste);
skirt 1 (d'un habit);
tail 1

Partie découpée d'une jaquette, d'un ha-bit de cérémonie ou d'une veste qui des-cend plus bas que la taille. Ex. : basques arrondies d'un tailleur. (Voir ill. n° 61.)

25. basque 2 n. f.
peplum

Prolongement rapporté et parfois amovi-ble d'une veste de femme ou d'un cor-sage, qui retombe en forme de petite jupe sur les hanches.

26. basque 3 n. f.
midriff band;
breathing band;
breathing waist

Bande extensible ou renforcée, de largeur variable, située à la base du soutien-gorge et qui assure le bon maintien de la poi-trine. (Voir ill. n° 152.)

Note. — Le mot basque employé pour re-vers d'un col est abusif.

27. bas résille n. m. invar.
net stocking;
fishnet stocking

Bas de filet extensible.

28. **bas-slip**
Syn. de **bas-culotte**

29. **bavette** n. f.
bib 1

Partie du tablier ou de la salopette qui remonte de la taille jusque sur la poitrine, formant ainsi plastron, et qui est généralement suspendue par des bretelles. (Voir ill. n° 85.)

30. **bavoir** n. m.
bib 2

Pièce de lingerie de diverses formes qu'on attache autour du cou des jeunes enfants pour protéger leurs vêtements de la salive ou des aliments.

31. **bavolet** n. m.
gun flap;
shoulder flap;
gun patch

Empiècement décollé appliqué sur les devants et le dos de certains manteaux et plus particulièrement des trench-coats. (Voir ill. n° 10.)

32. **béguin** n. m.
bonnet 1

Bonnet qui encadre le visage en dégageant le front et qui s'attache sous le menton.
Note. — Le béguin est généralement porté par les bébés et s'inspire de la coiffe-capuchon des béguines.

33. **béret** n. m.
beret

Coiffure souple, sans bords, ronde et plate ou bouffante.
Note. — Le béret emboîte la tête par un simple rebord ourlé ou par une bande droite.

34. **bermuda** n. m.
Bermuda shorts

Short étroit dont les jambes descendent plus ou moins près des genoux.
Note. — Bermuda ne doit pas être utilisé au pluriel pour désigner un seul vêtement.

35. **bikini** n. m.
bikini 1

Costume de bain deux-pièces pour femme, composé d'un soutien-gorge très échancré et d'une culotte triangulaire extrêmement réduite.

36. **blazer** n. m.
blazer

Veste sport croisée ou non, couvrant les hanches et pourvue de manches longues.
Note. — Le blazer est caractérisé par son col cranté aux longs et larges revers, et ses poches plaquées. Primitivement fait de flanelle aux rayures verticales de couleurs flamboyantes auxquelles il doit son nom tiré du verbe anglais *to blaze*, ce vêtement est aujourd'hui confectionné dans les étoffes les plus diverses, plus ou moins légères, unies, rayées, quadrillées ou imprimées, de couleurs vives ou sombres. Il peut être gansé, orné de boutons de métal armoriés ainsi que d'un écusson sur la poche poitrine.

37. **bleu** n. m.
overalls 1;
dungarees 1

Vêtement de travail confectionné dans une forte toile ou un gros coton, lavable, de couleur bleue, le plus souvent porté sur les autres habits pour les protéger. Ex. : Mettre des bleus de travail, un bleu de mécanicien, un bleu de chauffe. (Voir ill. n° 69.)
Note. - Ne pas confondre avec salopette 1 (voir ce terme).

38. blousant, e adj.
bloused

Qui blouse (voir **blouser**).

39. blouse 1 n. f.
blouse 1;
shirtwaist 1

Vêtement féminin de lingerie ou de cotonnade, avec ou sans manches, qui couvre le buste.

40. blouse 2 n. f.
blouse 2;
over-blouse 1

Corsage souple, non ajusté, souvent boutonné dans le dos, s'arrêtant à la taille ou aux hanches, et qui se porte sur ou sous une jupe, un pantalon. Glissé à l'intérieur de ces derniers, il blouse légèrement.

Note. — Dans l'usage, les termes *blouse* et *chemisier* (voir ce terme) s'emploient souvent l'un pour l'autre.

41. blouse 3 n. f.
blouse 3;
smock 1;
lab coat (de laboratoire)

Manteau (ou veste) de protection en toile robuste ou en cotonnade, droit ou flottant, qui se boutonne devant, au milieu ou sur le côté ou encore derrière, et comporte le plus souvent de grandes poches plaquées. Ex. : blouse professionnelle; blouse de médecin, de laboratoire (voir ill. n° 77), d'artiste, de ménagère.

42. blouser v. intr.
to blouse

Produire un effet de bouffant au-dessus de la ceinture, en parlant d'un vêtement assez ample et resserré à la taille.

43. blouse-robe
Syn. de **robe-tablier**

44. blouse-tablier
Syn. de **tablier-blouse**

45. blouson n. m.
Terme à éviter : coupe-vent
windbreaker;
blouson;
battle jacket

Veste de sport ou de ville, courte et ample, s'arrêtant à la taille où elle est resserrée par un bord-côte ou une ceinture montée (avec ou sans élastique) qui font blouser le vêtement.

Notes. — 1. Le blouson est souvent réalisé en cuir ou en tissu imperméabilisé, et ses manches longues se terminent ordinairement par des poignets. (Voir ill. n°s 108 et 110.)
2. Les paradoxes de la mode font qu'il existe également de nombreux blousons non blousants et près du corps.

46. blue-jean
Syn. de **jean**

47. boa n. m.
boa

Long rouleau de plumes ou de fourrure que les femmes portent en guise d'écharpe. (Voir ill. n° 271.)

Note. — On le nomme ainsi par analogie de forme avec le reptile du même nom.

48. bob n. m.
gob hat

Cloche de tissu souple, souvent de toile ou d'autre matière convenant aux coiffures estivales.

Note. — La calotte du bob est habituellement formée de quatre côtes. La passe (ou bord) en forme, surpiquée, de largeur uniforme, se porte soit baissée pour ombrer le visage, soit relevée dans le style de la coiffure des matelots américains dont le bob s'inspire. (Voir ill. n°s 240 et 241.)

49. boléro n. m.
bolero

Petit vêtement d'origine espagnole, dont la forme rappelle plus ou moins celle du gilet.

Note. — Le boléro est généralement dépourvu de col, de revers et de manches, ne descend pas plus bas que la taille mais, le plus souvent, s'arrête au-dessus et ne se ferme pas. Surtout décoratif, il fait généralement partie d'un ensemble féminin et se porte sur un corsage ou un tricot.

50. bombe n. f.
riding cap

Casquette demi-sphérique, qui fait partie de la tenue d'équitation et dont s'inspirent certaines coiffures féminines de ville.

Note. — La bombe est habituellement de velours noir tendu sur une forme rigide et peut comporter une jugulaire. (Voir ill. n° 267.)

51. bonnet 1 n. m.
cap 1;
toque 1

Coiffure simple, sans bord mais souvent à revers, emboîtant la tête.

Note. — Le bonnet se fait en différentes matières souples : laine tricotée, fourrure, dentelle, etc. (Voir ill. n° 35.)

52. bonnet 2 n. m.
brassiere cup

Chacune des poches d'un soutien-gorge qui supportent les seins et galbent la poitrine. (Voir ill. n° 153.)

53. bonnet de bain n. m.
    Terme à éviter : casque de bain
bathing-cap

Bonnet avec ou sans jugulaire que l'on porte pour faire de la natation.

Note. — Le bonnet de bain est fait de matière imperméable et épouse étroitement la forme de la tête pour protéger les cheveux et les oreilles.

54. bonnette n. f.
    Terme à éviter : capine
bonnet 2;
cap 2

Petit bonnet d'enfant retenu par des brides nouées sous le menton.

Note. — Certaines bonnettes sont ajustées de façon à éviter que les oreilles des nourrissons se décollent.

55. bord 1 n. m.;
    bordure n. f.
edge

Extrémité, limite d'un vêtement ou d'une partie de vêtement. Ex. : bord frangé d'un poncho, d'un châle.

56. bord 2 n. m.;
    bordure n.f.
border;
trim 1

Bande d'une matière quelconque rapportée à l'extrémité d'une partie de vêtement afin de la garnir ou de la protéger. Ex. : bords en fourrure d'une pelisse; bords élastiques des jambes d'une gaine-culotte.

Note. — Coiffure féminine.

57. bord 3 n. m.
hem;
welt 1

Ourlet d'un gant. Ex. : Le bord chemisier d'un gant est un ourlet assez large et surpiqué.

58. bord à bord loc. adj. invar.
edge-to-edge

Se dit surtout : a) d'un vêtement dont les bords des devants se rencontrent bord à bord. Ex. : veste bord à bord; b) du système de fermeture d'un vêtement dans lequel les bords de l'ouverture sont mis bord à bord. Ex. : boutonnage bord à bord pourvu de brides.

59. bord-côte n. m.
ribbing;
rib trimming;
welt 2

Bord en tricot à côtes qui resserre renforce ou garnit les ouvertures d'un vêtement. Ex. : bord-côte d'une chaussette; bord-côte à la base d'un blouson d'un cardigan, bords-côtes aux manches ou à l'encolure d'un chandail, bords-côtes aux jambes d'un pantalon. (Voir ill. n° 135.)

Note. - Pluriel : **bords-côtes**.

60. **bordure**
Syn. de **bord**

61. boucle 1 n. f.
buckle 1

Anneau de matière et de forme variables, comportant une barrette généralement munie d'un ardillon, dans lequel on glisse une ceinture, une courroie, une bride de chaussure pour l'assujettir ou en guise d'ornement. (Voir ill. n° 206.)

62. **boucle 2** n. f.
buckle 2

Large agrafe métallique faisant office de boucle.

63. **bouffant 1** n. m.
puff 1

Partie bouffante d'un vêtement. Ex. : bouffant latéral d'une culotte de cheval.

64. **bouffant 2** adj.;
bouffante 2 adj.
puffed

Se dit d'un vêtement ou d'une partie de vêtement qui présente un aspect gonflé. Ex. : manche bouffante.

65. **bouillonné** n. m.
shirring

Applique dont on orne certains vêtements, particulièrement les pièces de lingerie.

Note. — Le bouillonné est constitué d'une bande de tissu froncée sur ses deux bords.

66. **bouillonner** v. tr.
to shirr

Froncer un tissu pour former un bouillonné, des bouillons.

67. **bouillons** n. m. pl.
puff 2

Dans un tissu ou une étoffe qui a du corps, grosses fronces qui restent gonflées. Ex. : collerette à bouillons (angl. : *puffed collaret*).

68. **bourdalou** n. m.
hatband 1

Ruban gros-grain qui entoure la base d'un chapeau au-dessus du bord. (Voir ill. n° 24.)

69. **bourgeron 1** n. m.
blouse 4;
overall 1

Ample blouse de travail, en grosse toile écrue, courte ou trois quarts, froncée au cou, à col rabattu et à manches longues légèrement bouffantes.

70. **bourgeron 2** n. m.
fatigue dress

Veste de toile que les soldats portent pour les corvées ou l'exercice.

71. **bout** (de bas)
Syn. de **pointe**

72. **bouton** n. m.
button

Petite pièce de matières diverses que l'on fixe aux vêtements comme fermeture ou garniture.

Note. — Les boutons sont faits de plastique, os, bois, nacre, métal, céramique, etc. et peuvent être de formes extrêmement variées.

73. bouton armorié n. m.
insignia button

Bouton métallique d'uniforme, de blazer, de caban, etc., portant estampés ou gravés des attributs particuliers.

74. bouton de faux-col n. m.
collar button;
stud

Bouton monté sur une tige à bascule qui sert à retenir le faux-col au pied de col d'une chemise au moyen de boutonnières.

Note. — Pluriel : **boutons de faux-cols**.

75. bouton de manchette n. m.
cuff link 1

Bouton destiné à fermer bord à bord les poignets de chemise ou de chemisier et plus particulièrement les manchettes.

Notes. — 1. Le plus souvent en métal, le bouton de manchette est fixé sur une tige qui se termine par une petite bascule qui permet son passage dans les boutonnières et empêche la manchette de s'ouvrir. (Voir ill. n° 57.)
2. Le bouton de manchette peut aussi être un bouton jumelé (voir ce terme).
3. Pluriel : **boutons de manchettes**.

76. bouton de rappel n. m.
inside button

Bouton placé à l'intérieur d'un vêtement croisé pour maintenir en place le devant qui passe sous l'autre.

Note. — Le vêtement dont il s'agit le plus souvent est le veston ou le manteau.

77. bouton jumelé 1 n. m.
button-and-chain closing

Chacun des deux boutons semblables reliés entre eux par une chaînette ou un lien quelconque, employés pour fermer les ouvertures bord à bord d'un vêtement. Ex. : veston droit à boutons jumelés.

78. bouton jumelé 2 n. m.
cuff link 2;
sleeve link

Chacun des deux boutons semblables reliés par une chaînette, une bride ou un autre lien et qui sert à fermer une manchette. Ex. : bouton de manchette jumelé d'un poignet mousquetaire.

Note. — Jumelle et bouton jumelle, que l'on rencontre aussi, paraissent abusifs.

79. boutonnage 1 n. m.
buttoning 1

Action de boutonner un vêtement ou une partie de vêtement. Ex. : Les boutonnières doivent être assez grandes pour faciliter le boutonnage.

80. boutonnage 2 n. m.
buttoning 2

Système de fermeture d'un vêtement, composé de boutons retenus par des boutonnières, des brides, etc. Ex. : boutonnage sous patte (angl. : *fly front closing*) d'un manteau. (Voir ill. n° 15.)

81. boutonner 1 v. tr. ou pron.
to button 1;
to button up

Réunir les deux côtés d'une ouverture d'un vêtement au moyen de boutons que l'on introduit dans des boutonnières, des brides ou des brandebourgs. Ex. : Tout en parlant, elle boutonnait et déboutonnait le rabat de sa poche.

82. boutonner 2 v. pron. ou intr.
to button 2

En parlant d'un vêtement, d'une ouverture de vêtement, se fermer au moyen de boutons. Ex. : Les robes-manteaux se boutonnent (ou boutonnent) devant.

83. boutonnière 1 n. f.
buttonhole 1

Petite fente pratiquée dans un vêtement pour y passer un bouton.

Note. — On donne différents noms à la boutonnière, suivant sa forme et la manière dont elle est bordée. Ex. : boutonnière brodée, passepoilée.

84. boutonnière 2 n. f.
buttonhole 2

Boutonnière du revers du veston.

Note. — Le terme boutonnière s'emploie absolument dans ce sens. Ex. : Il porte toujours l'œillet à la boutonnière.

85. bouton-pression n. m.
snap 1;
dome fastener

Système de fermeture formé de deux disques métalliques emboutis, que l'on fixe sur les bords d'une ouverture et qui s'accouplent par une simple pression des doigts et qu'un ressort maintient fermé.

Notes. — 1. On dit, par ellipse, **pression** (n. f. ou m.).
2. Pluriel : **boutons-pression**.

86. bouton recouvert n. m.
covered button;
self-covered button;
self button

Bouton gainé de tissu, d'étoffe, de cuir ou d'autre matière.

87. bracelet n. m.
narrow cuff

Petit poignet très étroit que l'on trouve le plus souvent au bas de la manche ballon. (Voir ill. n° 191.)

88. braguette n. f.
fly

Ouverture verticale située au milieu du devant d'un pantalon, d'une culotte.

Note. — La braguette se ferme par un boutonnage ou une glissière, ordinairement dissimulés sous le bord replié de l'ouverture. (Voir ill. n° 109.)

89. brandebourg n. m.
frog

Pièce de passementerie qui tient lieu à la fois d'ornement et de fermeture.

Note. — Fait habituellement de galon, le brandebourg peut border une boutonnière ou former une bride de boutonnage. Il relie souvent deux boutons identiques généralement de forme allongée que l'on nomme, par analogie, **olives**, **bûchettes**, etc. (angl. : *toggle*). Il peut aussi se fermer au moyen d'un bouton formé d'un entrelacement du même galon que le brandebourg. (Voir ill. n°s 31 et 176.)

90. brassière 1 n. f.
brassiere 1;
midriff top

Petit corsage d'étoffe légère plus ou moins décolleté, avec ou sans manches, qui découvre entièrement la taille et se porte généralement l'été, pour le sport avec une jupe, un pantalon ou un short. (Voir ill. n° 94.)

91. brassière 2 n. f.
vest 1;
wrap-over top 1;
infant bodice

Première chemise à manches pour bébé, servant de vêtement de dessous quand elle est en fin tissu ou tricot de coton, en finette, etc., et de vêtement de dessus quand elle est faite de laine tricotée.

Note. — La brassière plus classique se croise dans le dos et s'attache latéralement par des cordons. Il en existe un autre modèle très courant appelé **brassière américaine** (angl. : *pull-over vest*). Dépourvue d'attaches, cette dernière est caractérisée par sa croisure aux épaules (et non dans le dos) qui permet à l'encolure de s'agrandir au passage de la tête.

92. bretelles 1 n. f. pl.;
   épaulettes n. f. pl.
shoulder-strap;
strap 1

Bandes étroites qui passent sur les épaules et qui joignent le dos et le devant d'un soutien-gorge (voir ill. n° 154), d'une combinaison-jupon, d'un corsage décolleté. Ex.: bretelles d'un bain-de-soleil; bretelles multipositions (angl. : *multi-adjustable straps*) d'un soutien-gorge, bretelles réglables (angl. : *adjustable straps*) d'une combinaison.

93. bretelles 2 n. f. pl.
suspenders;
braces

Bandes de cuir souple, d'élastique ou de tissu qui, généralement croisées dans le dos, passent par-dessus les épaules et soutiennent les pantalons d'homme, les culottes de garçon, les salopettes, les jupes et les tabliers.

Note. — Il peut arriver que ce mot s'emploie au singulier. Ex. : Une bretelle de son tablier est décousue.

94. breton n. m.
breton;
breton hat

Chapeau de femme à calotte ronde dont le bord, de largeur uniforme, est ample et recourbé vers le haut tout autour.

95. bride 1 n. f.
   Terme à éviter : ganse
loop 1

Petit arceau formé d'un cordon, d'une ganse, etc., cousu au bord d'une ouverture de vêtement et tenant lieu de boutonnière.

96. bride 2 n. f.
tie 1;
string 1

Chacun des deux liens se nouant habituellement sous le menton et qui servent à retenir certaines coiffures.

97. bride de suspension n. f.
   Terme à éviter : ganse
hanger loop

Petit arceau formé d'un ruban, d'un cordon, d'une chaînette, etc., fixé à l'intérieur d'un vêtement, au niveau de la nuque, et qui sert à le suspendre.

98. burnous n. m.
burnous
V. o. *burnoose*

Manteau à capuchon et manches longues, de style dépouillé, et descendant jusqu'à la cheville.

Notes. — 1. Le burnous s'inspire du grand vêtement enveloppant des Arabes appelé burnous. La mode féminine en fait souvent une sortie de bain.
2. Ne pas confondre burnous et djellaba (voir ce terme).

99. bustier 1 n. m.
strapless brassiere

Soutien-gorge sans épaulettes qui se prolonge jusqu'à la taille et dont les bonnets préformés et pourvus d'armatures, de baleines, emboîtent et maintiennent les seins. (Voir ill. n° 158.)

100. bustier 2 n. m.
strapless top

Corsage décolleté et sans bretelles de même forme et de même longueur que le sous-vêtement du même nom, qui laisse les épaules nues et moule généralement le buste.

Note. — Il fait partie d'une tenue du soir ou de plage. Ex. : robe de bal à bustier (angl. : *strapless evening gown*); maillot de bain bustier (angl. : *strapless bathing suit*); short et bustier extensible assortis. (Voir ill. n° 159.)

C

101. caban 1 n. m.
pea jacket 1;
reefer 1

Court paletot sport de ligne droite, à double boutonnage et large col tailleur, généralement en drap marine ou beige, comportant au niveau des hanches deux poches à rabat surmontées de deux poches verticales dites repose-bras. (Voir ill. n° 38.)

102. caban 2 n. m.
pea jacket 2;
reefer 2

Épais manteau à capuchon porté par les marins.

103. cache-cœur n. m. invar.
wrap-over top 2;
cross-over top;
front wrap top

Corsage ou tricot enveloppant, à manches courtes ou longues, dont les devants, qui se croisent largement, forment une encolure en V et sont munis de liens se nouant à la taille, généralement dans le dos ou sur la hanche gauche. (Voir ill. n° 95.)

104. cache-col n. m. invar.
scarf 1

Petite écharpe de soie, de laine ou de rayonne que les hommes portent autour du cou.

105. cache-maillot n. m. invar.;
sur-maillot
cover-up

Vêtement léger, de coupe et de matière variables, que les femmes portent à la plage par-dessus un maillot avant ou après la baignade.

106. cache-nez n. m.
muffler 1;
comforter

Longue écharpe qu'on enroule autour du cou de façon à couvrir le bas du visage pour se protéger contre le froid. (Voir ill. n° 272.)

Note. — Le cache-nez est confectionné le plus souvent en laine.

107. cache-poussière n. m. invar.
duster 1

Léger vêtement de dessus coupé comme un manteau, destiné à protéger les habits contre la poussière.

108. cache-sexe n. m. invar.
mini bikini

Culotte minuscule qui s'inspire du cache-sexe porté sur scène par certaines artistes du music-hall ou de cabaret.

Note. — Le cache-sexe est généralement fait de dentelle ou de maille extensible et de forme triangulaire.

109. cafetan n. m.
V. o. **caftan**
caftan
V. o. *kaftan*

Vêtement long et vague, de tissu léger parfois vaporeux que les femmes mettent pour les soirées, la détente ou la plage.

Note. — Le cafetan est inspiré du manteau du même nom qui se porte au Proche-Orient.

110. caftan
V. o. de **cafetan**

111. cagoule 1 n. f.
Terme à éviter : masque
face mask

Coiffure de laine qui, comme la cagoule des pénitents, recouvre entièrement le visage, sauf à l'endroit des yeux et de la bouche où des ouvertures sont pratiquées.

Notes. — 1. La cagoule peut parfois se replier pour former un bonnet. Ex. : cagoule de skieur. (Voir ill. n° 251.)
2. Le terme cagoule employé au sens d'anorak est abusif.

112. cagoule 2 n. f.
helmet 1;
crusader cap

Passe-montagne non transformable. (Voir ill. n° 253.)

113. cagoule 3 n. f.
crusader hood;
hood 1;
helmet 2

Bonnet de fourrure s'attachant sous le menton et couvrant partiellement le cou. (Voir ill. n° 252.)

114. caleçon n. m.
drawers;
shorts 1;
briefs 1 (court)

Sous-vêtement masculin couvrant le bas du corps, pourvu de jambes de longueur variable.

Notes. — 1. Fait de cotonnade ou de tricot de bonneterie, le caleçon est maintenu à la taille par une ceinture élastique. Le caleçon court s'arrête à mi-cuisse. Le caleçon long est en maille et resserré aux chevilles par de fines côtes. (Voir ill. n°ˢ 166 et 167.)
2. Le mot caleçon peut s'employer au pluriel pour désigner un seul vêtement. L'emploi de shorts pour caleçon court est abusif.

115. caleçon boxeur n. m.
boxer shorts;
boxers 1

Caleçon court et ample, plissé à la taille par une ceinture élastique.

Note. — Le style du caleçon boxeur, comme son nom l'indique, s'apparente à celui de la culotte de boxeur, mais ne pas le confondre avec le short boxeur (voir ce terme).

116. caleçon de bain n. m.
bathing-trunks

Maillot de bain pour hommes, ayant la forme d'un caleçon très court.

117. calot n. m.
garrison-cap;
wedge-style cap

Petite coiffure de forme allongée, sans bord, à calotte souple et pliante faite d'étoffe, de fourrure, etc., et qui emboîte bien la tête.

Notes. — 1. Le calot se porte sur le front laissant la nuque à découvert, comme la coiffure militaire du même nom. (Voir ill. n°ˢ 261 et 262.)
2. On doit éviter d'employer casque pour ce genre de coiffure.

118. calotte 1 n. f.
skull-cap;
calot

Petit bonnet rond en forme de dôme, sans bord ni visière, qui se porte sur le sommet de la tête. Ex. : calotte d'évêque. (Voir ill. n° 263.)

119. calotte 2 n. f.
crown 1

Partie principale du chapeau qui couvre plus ou moins la tête. (Voir ill. n° 242.)

120. camisole n. f.;
      chemise 2 n. f
vest 2;
undershirt 1

Sous-vêtement en maille porté à même la peau

Notes. — 1. La camisole peut être portée par les hommes, les femmes et les enfants. Le vêtement féminin comporte des bretelles plus ou moins étroites, ou parfois des manches courtes ou longues. Son encolure est dégagée, elle est dépourvue de boutonnage et la partie couvrant la poitrine peut avoir la forme d'un soutien-gorge. 2. Le synonyme chemise ne s'applique pas au vêtement masculin en ce sens. Voir le terme chemise 1.

121. canadienne n. f.
sheepskin jacket

Manteau croisé de style sport et de longueur trois-quarts, souvent en tissu imperméable ou en cuir, comportant une doublure et un col de mouton, deux poches plaquées à rabat et une ceinture. (Voir ill. n° 28.)

Note. - Le terme canadienne employé pour corvette est impropre.

122. canotier n. m.
sailor hat;
boater

Chapeau de paille rigide, de forme ovale, à calotte plate peu élevée, entourée d'un gros-grain formant un noeud soit à gauche, soit à l'arrière.

Note. — Le bord du canotier est plat et d'égale largeur tout autour. Coiffure masculine à l'origine, elle a été aussi adaptée à la mode féminine.

123. caoutchouc n. m.
waterproof;
mackintosh

Manteau de pluie en tissu caoutchouté.

124. cape n. f.;
pèlerine n. f.
cape 1;
cloak 1;
mantle 1

Ample vêtement d'extérieur de longueur variable, dépourvu de manches et d'emmanchures, qui couvre le corps et les bras, souvent en emboîtant les épaules.

Note. — La cape se ferme au milieu du devant, sur toute sa longueur ou seulement à l'encolure, et peut comporter un capuchon ou un col et des passe-bras. (Voir ill. n° 25.)

125. capeline n. f.
capeline;
broad-brimmed sun-hat

Coiffure féminine à calotte formée, à grand bord circulaire, souple et plat de largeur uniforme.

Note. — La capeline se fait souvent en paille ou en matière légère et peut alors servir de chapeau de soleil.

126. capote n. f.
greatcoat

Grand et lourd manteau d'étoffe d'inspiration militaire qui peut comporter un capuchon.

127. capuche 1 n. f.
hood 2;
capuchin
V. o. *capuchine*

Coiffure en forme de capuchon, se prolongeant par une pèlerine qui recouvre les épaules.

128. capuche 2 n. f.
hood 3

Capuchon souvent amovible d'un vêtement imperméable.

Note. — Il peut s'agir d'un manteau, d'une pèlerine, d'un anorak, etc.

129. capuchon n. m.
hood 4;
cowl

Bonnet, souvent de forme plus ou moins conique, fixé à l'encolure de certains vêtements et qui peut être amovible.

Note. — Cette coiffure sert à garantir la tête contre le froid ou la pluie et se rejette en arrière à volonté. (Voir ill. n° 30.)

130. capucin n. m.

Extrémité triangulaire d'une ceinture, d'une patte, etc.

131. carabin
Syn. de **piécette**

132. caraco
Syn. de **chemise 3**

133. cardigan n. m.
cardigan 1

Tricot assez fin qui s'arrête aux hanches, se boutonne au milieu du devant, comporte des manches longues, une encolure ras du cou et se termine par un bord-côte à la base ainsi qu'aux poignets.

Notes. — 1. Le cardigan se porte souvent sur un pull assorti, formant ainsi un ensemble qu'on nomme tandem. (Voir ill. n° 119.)
2. Ne pas confondre avec gilet de laine (voir ce terme).

134. carré n. m.
kerchief 1;
head scarf 1

Morceau d'étoffe (souvent de soie), de forme carrée, que l'on plie en diagonale pour le porter autour du cou ou sur la tête.

Note. — Ne pas confondre avec écharpe (voir ce terme).

135. carrure n. f.
breadth

Mesure de la largeur du dos ou du devant, d'une épaule à l'autre.

136. casaque 1 n. f.
over-blouse 2;
jumper-blouse

Tunique droite à manches longues qui s'arrête en bas des hanches et retombe sur la jupe ou le pantalon.

Note. — La casaque s'enfile souvent par la tête et s'ajuste à la taille par une ceinture. (Voir ill. n° 106.)

137. casaque 2 n. f.
jacket 1

Veste de soie des jockeys et des artistes de cirque.

138. casque 1 n. m.
helmet 3;
casque 1;
topee 1
V. o. *topi* (colonial)

Coiffure protectrice en matière rigide, à calotte hémisphérique, se prolongeant ou non en un bord de largeur variable, et qui peut être retenue sous le menton par une jugulaire.

Note. — Le casque comporte souvent un rabat protégeant la nuque, les oreilles et le front. Ex. : casque d'acier, casque de motocycliste (voir ill. n° 264), casque de mineur, casque colonial (voir ill. n° 266), casque de pompier.

139. casque 2 n. m.
helmet 4;
casque 2;
topee 2 (suivant la forme)
V. o. *topi 2*

Chapeau dont la forme rappelle ce genre de coiffure.

140. casquette n. f.
cap 3

Coiffure sport, sans bord, comportant toujours une visière.

Notes. — 1. Souvent, la calotte plus ou moins souple de la casquette est inclinée sur la visière ou sur le côté. Cette coiffure, exclusivement masculine à l'origine, est aussi portée par les femmes aujourd'hui. (Voir ill. n° 259.)
2. Il faut éviter d'employer calotte pour ce genre de coiffure et képi pour désigner une casquette d'uniforme.

141. casquette capucin n. f.
cricket cap

Casquette de garçonnet constituée d'une petite calotte à côtes garnie d'une étroite visière. (Voir ill. n° 257.)

Note. — Pluriel : **casquettes capucin**.

142. casquette de montagnard
Syn. de **casquette norvégienne**

143. casquette de skieur
Syn. de **casquette norvégienne**

144. casquette norvégienne n. f.;
casquette de montagnard n. f.;
casquette de skieur n. f.
ski cap

Casquette à rabat faite d'une matière ayant du corps et dont la calotte non inclinée est assez haute et plutôt oblongue. (Voir ill. n° 268.)

145. cassure n. f.
break line;
crease line

Endroit où un col, un revers se replie sur lui-même.

146. ceinture 1 n. f.
belt

Bande d'étoffe, de cuir, de métal ou d'autre matière, servant à ajuster, maintenir ou orner un vêtement autour de la taille ou selon la mode, à différents niveaux autour du corps à partir du buste jusqu'aux hanches.

Note. — La ceinture est pourvue d'un système de fermeture, excepté dans le cas de la ceinture nouée ou de la ceinture incrustée. (Voir ill. n° 209.)

147. ceinture 2 n. f.
waistband 1

Partie fixe d'un vêtement qui le limite et le borde à la taille tout en l'y maintenant. Ex.: ceinture montée d'une jupe, d'un blouson, d'un pantalon.

148. ceinture 3 n. f.
waistband 2

Bande d'étoffe placée à l'intérieur d'un vêtement, à la taille.

149. ceinture-corselet 1 n. f.
bodice 1;
corselet 1

Large ceinture coupée dans une matière ayant du corps.

Note. — La ceinture-corselet est souvent lacée devant et peut s'élargir à la hauteur du diaphragme. (Voir ill. n° 196.)

150. ceinture-corselet 2 n. f.;
corselet 2
bodice 2;
corselet 2

Large ceinture montée d'une jupe, d'un pantalon, rappelant la ceinture coupée qui se porte sur un vêtement.

151. ceinture coulissante n. f.
drawstring waist

Ceinture constituée d'un cordon glissé à l'intérieur d'une coulisse. (Voir ill. n° 203.)

152. ceinture de smoking n. f.
cummerbund

Ceinture que les hommes portent avec le smoking pour cacher la rencontre de la chemise et du pantalon.

Note. — La ceinture de smoking est constituée d'une large bande de soie marquée de cinq ou six plis horizontaux fixés par une couture de chaque côté, avec le plus souvent une petite poche camouflée dans le deuxième pli, sur le côté droit. Elle se ferme au milieu du dos par une boucle.

153. ceinture-écharpe n. f.
sash 1

Large ceinture constituée d'une bande d'étoffe souple que l'on drape et noue autour de la taille en laissant flotter les bouts.

Note. — La ceinture-écharpe comporte parfois une doublure qui peut être de couleur contrastante. (Voir ill. nº 201.)

154. **ceinture fléchée** n. f. (QC)
Assomption sash

Ceinture de laine tressée, longue et large, à fond rouge et à motifs multicolores en forme de flèches.

Note. — La ceinture fléchée se porte enroulée plusieurs fois autour de la taille et nouée sur le côté. On en laisse pendre les bouts qui se terminent par une longue frange. La ceinture fléchée est folklorique et on ne la porte plus qu'au carnaval, aux fêtes et divertissements de l'hiver. Elle accompagne habituellement la tuque.

155. **ceinture incrustée** n. f.
inset belt

Ceinture formée d'une bande de tissu fixée par des coutures à la taille d'un vêtement, et réunissant le haut au bas. (Voir ill. nº 71.)

Note. — On doit éviter d'employer ceinture insérée.

156. **ceinture-jarretelles** n. f;
ceinture porte-jarretelles n. f.;
porte-jarretelles n. m. invar.
garter belt

Ceinture en tissu élastique destinée à supporter les jarretelles de femme. (Voir ill. nº 160.)

157. **ceinture montée** n. f.
waistband 3

Ceinture formée d'une bande de tissu (double ou doublée), fixée par une couture à la taille d'une jupe, d'un pantalon ou d'un blouson et qui a pour fonctions de border le vêtement, d'en assujettir les pinces et les plis et de le maintenir en place. (Voir ill. nº 93.)

Note. — Ne pas employer bande de taille.

158. **ceinture porte-jarretelles**
Syn. de **ceinture-jarretelles**

159. **ceinture-sangle** n. f.

Large ceinture plate, de cuir, de toile ou de tissu élastique, qui enserre la taille.

160. **ceinturon** n. m.
waist belt

Large et robuste ceinture de cuir ou d'étoffe, rappelant le ceinturon de l'uniforme militaire et qui se porte avec les vêtements sport.

161. **châle** n. m.
shawl

Grande pièce d'étoffe tricotée, crochetée ou tissée, de forme carrée, rectangulaire ou triangulaire, bordée ou non de franges et dont les femmes se couvrent les épaules.

Note. - Le châle est d'origine orientale.

162. **chandail** n. m.
sweater 1

Gros pull de sport, en laine, à manches longues et comportant souvent un col roulé.

163. **chapeau** n. m.
hat

Coiffure de matière et de forme extrêmement variables comportant une calotte et souvent des bords.

164. **chapeau cloche** n. m.;
cloche
cloche hat;
cloche

Coiffure féminine en forme de cloche dont les bords évasés sont rabattus, ombrant le visage.

Note. — Pluriel : **chapeaux cloches**.

165. chapeau de feutre n. m.;
   feutre n. m.
felt hat

Coiffure de feutre souple dont la calotte est habituellement fendue, c'est-à-dire qu'elle comporte un renfoncement longitudinal.

Note. — Ceinturée d'un gros-grain à nœud plat, ou d'un cordon, la calotte du chapeau de feutre est moulée d'une seule pièce avec le bord. Le feutre d'homme a habituellement une doublure (ou coiffe) de soierie légère, et l'entrée de tête est bordée d'une bande de cuir dite cuiret. Le bord, de largeur uniforme tout autour, se porte soit rabattu, soit relevé à l'arrière ou sur un côté. (Voir ill. n° 23.)

166. chapeau de paille n. m.;
   paille, n. m. ou n. f.
straw hat

Coiffure d'été, pour homme ou femme.

Notes. — 1. Désigne souvent un chapeau de soleil.
2. Une paille ne se dit que des chapeaux de femme.

167. chapeau de soie
   Syn. de **chapeau haut-de-forme**

168. chapeau haut-de-forme n. m.;
   chapeau de soie n. m.;
   huit-reflets n. m.;
   haut-de-forme n . m.
high silk hat;
top hat;
opera hat

Chapeau de panne de soie dont la calotte, formée d'un haut cylindre est entourée d'un ruban. Le fond est ovale et plat. Les bords sont étroits et relevés sur les côtés.

Note. — Le chapeau haut-de-forme se porte dans les grandes occasions : gris ou noir suivant la mode, les pays, les circonstances, ou selon qu'il accompagne la jaquette ou l'habit. (Voir ill. n° 60.)

169. chapeau melon n. m.;
   chapeau rond n. m.;
   melon
derby;
bowler hat

Chapeau demi-habillé de feutre rigide, à calotte en forme de dôme et à bord étroit roulé, porté par les hommes.

Notes. — 1. Le chapeau melon est généralement noir. De couleur grise, il est plus habillé et réservé à certaines occasions. (Voir ill. n° 20.)
2. Il existe également un chapeau de femme imitant le melon d'homme.

170. chapeau mou n. m.
soft felt hat;
slouch hat

Chapeau de feutre souple pour homme.

171. chapeau rond
   Syn. de **chapeau melon**

172. chapska n. m.
   V. o. **schapska**
schapska

Bonnet de fourrure d'origine polonaise, à calotte ronde, comportant une visière relevée et un rabat couvrant la nuque et les oreilles pour les protéger contre les grands froids.

Notes. — 1. Le rabat du chapska peut se relever à volonté et est alors maintenu par des cordons noués sur le dessus de la tête. (Voir ill. n° 270.)
2. Pluriel : **chapskas.**

173. charlotte n. f.
   Terme à éviter : bonnet boudoir
mob-cap;
boudoir cap;
curler cap

Bonnet d'intérieur à calotte ample et souple, qui recouvre entièrement la chevelure et dont le bord est formé d'un ruché de dentelle ou d'un volant froncé.

Note. — Cette coiffure est faite de matière légère (tulle, broderie, dentelle, etc.) et est garnie de rubans. Les femmes la portent pour protéger la mise en plis ou camoufler les bigoudis. (Voir ill. n° 236.)

174. chasuble n. f.;
robe-chasuble n. f.
jumper

Robe à encolure dégagée, sans manches, conçue pour être portée sur un corsage ou un tricot dont elle laisse apparaître le haut et les manches. (Voir ill. n° 78.)

Notes. — 1. Le synonyme robe-chasuble est parfois utilisé.
2. Il faut éviter d'employer tunique au sens de chasuble d'écolière.

175. chaussette n. f.
sock 1;
half-hose

Vêtement tricoté (à la main ou à la machine) enveloppant le pied et la partie inférieure de la jambe plus ou moins haut.

Note. — On appelle plus particulièrement chaussette celle qui s'arrête au niveau du mollet. Ex. : Les hommes ne portent pas de bas mais des chaussettes. (Voir ill. n° 226.)

176. chausson 1 n. m.

Article chaussant caractérisé par sa souplesse et sa légèreté. Fait de matières diverses, il peut s'adapter à différents usages.

177. chausson 2 n. m.
bootee

Chausson de bébé, de laine tricotée, le plus souvent coulissé à la cheville. Il peut monter jusqu'à mi-mollet.

Note. — Le terme patte est à éviter en ce sens.

178. chausson 3 n. m.
bedsock

Chausson de lit, en maille décolleté ou montant jusqu'à la cheville, que les personnes frileuses portent au lit.

179. chausson 4 n. m.
after-ski sock;
stocking-top shoe

Chausson de chalet qui est une simple chaussette de grosse laine munie d'une semelle rapportée de matière plus ou moins flexible.

180. chausson 5 n. m.;
protège-bas n. m. (FR)
foot sock;
footglove

Chausson protecteur qui est très décolleté, habituellement fait de tricot de nylon et bordé d'un élastique, et qui se porte avec ou sans bas.

Note. — Ce chausson est destiné à protéger le pied ou le bas du contact avec l'intérieur de la chaussure.

181. chausson 6 n. m.
boot sock;
shoepack;
boot lining

Chausson d'étoffe isolante qui se porte à l'intérieur d'une botte.

182. chemise 1 n. f.
shirt 1

Vêtement masculin de dessus, habituellement fait de tissu léger, qui couvre la partie supérieure du corps et se porte à même la peau ou sur les sous-vêtements, sous le gilet et le veston.

Note. — La chemise classique comporte un col rabattu, aux extrémités petites et pointues, un empiècement dans le dos, des manches longues à poignets, un boutonnage pleine longueur devant et des pans arrondis, à la hauteur des hanches, qui sont généralement dissimulés à l'intérieur du pantalon.

183. chemise 2
Syn. de **camisole**

184. chemise 3 n. f.;
caraco n. m. (FR)
vest 3

Petit sous-vêtement de lingerie fine, couvrant le torse, retenu par des bretelles, et servant à dissimuler le soutien-gorge.

Note. — Ce sous-vêtement, inspiré de l'ancien cache-corset se porte souvent sous un corsage transparent, quand le port de la combinaison-jupon ne convient pas, par exemple avec le pantalon.

185. chemise de nuit n. f.
Terme à éviter : jaquette
nightgown

Vêtement de nuit féminin ressemblant à une robe, dont la longueur varie selon le goût et la mode, et qui se porte à même la peau, d'où son nom de chemise.

Notes. — 1. Robe de nuit tend à concurrencer, depuis quelques années, chemise de nuit.
2. Il faut éviter d'employer jaquette d'hôpital pour chemise de malade.

186. chemise polo n. f.
polo n. m.
polo shirt

Chemise ou chemisier sport en maille, qui s'enfile par la tête, se ferme devant à l'encolure, par une patte polo ou un lacet.

Notes. — 1. La chemise polo également comporte un col pointu rabattu et souvent une petite poche poitrine appliquée. (Voir ill. n° 97.) Elle s'inspire du costume des joueurs de polo.
2. Pluriel : **chemises polo**.

187. chemisette 1 n. f.
shirt 2

Chemise d'homme et de garçonnet, à manches courtes.

188. chemisette 2 n. f.
chemisette

Petit corsage non ajusté, à manches courtes, qui est fait de cotonnade ou de lingerie.

189. chemise-veste n. f.
overshirt

Chemise sport légère qui s'apparente à la veste par ses grandes poches basses et plaquées et parce qu'elle tombe droit par-dessus le pantalon.

190. chemisier n. m.
blouse 5;
shirtwaist 2;
shirt 3

Corsage de style variable, qui descend plus bas que la taille et se porte habituellement à l'intérieur de la jupe ou du pantalon.

Notes. — 1. Le chemisier rappelle souvent la chemise d'homme par sa coupe et le genre de tissu dans lequel il est fait.
2. Dans l'usage, les termes blouse et chemisier s'emploient souvent l'un pour l'autre.

191. cintré, e adj.
fitted;
waisted

Se dit d'un vêtement très ajusté à la taille.

192. ciré n. m.
oilskins;
slicker

Paletot de marin souvent accompagné d'un pantalon de même tissu qui est rendu brillant et imperméable grâce à un enduit de vinyle.

Note. — La mode tant féminine que masculine a adopté ce genre de matière pour en faire des vêtements de pluie aux styles et même aux imprimés les plus variés, également appelés cirés, qui vont du simple manteau droit au trench-coat classique.

193. cloche
Syn. de **chapeau cloche**

194. coiffant 1 n. m.
Manière dont une coiffure sied au visage. Ex. : Ce chapeau a un bon coiffant.

195. coiffant 2 adj.;
coiffante 2 adj.
Qui coiffe bien.

196. coiffe 1 n. f.
coif;
head-dress
Coiffure féminine en tissu, faisant partie des costumes régionaux.

197. coiffe 2 n. f.;
fond 4 n. m.
hat lining
Doublure d'un chapeau ou d'une coiffure quelconque.

198. coiffe 3 n. f.
cap 4
Petite coiffure faite de cotonnade et empesée, portée par les femmes de chambre et les serveuses dans certains hôtels.

199. coiffer 1 v. tr.
to put on a hat
Mettre, porter une coiffure. Ex. : J'ai coiffé mon chapeau neuf pour la circonstance.

200. coiffer 2 v. tr.
Façon dont une coiffure sied. Ex. : Ce chapeau vous coiffe bien.

201. coiffer 3 v. tr.
Se réfère à la pointure d'une coiffure. Ex. : Quelle pointure coiffez-vous ?

202. coiffure n. f.
headgear;
headwear
Partie de l'habillement qui sert à couvrir ou à protéger la tête, en l'ornant ou non.

203. col n. m.
collar
Morceau de matière quelconque, de formes et de dimensions variées, qui sert à finir ou à orner une encolure.

204. col amovible n. m.
detachable collar 1
Col qui peut être enlevé à volonté, n'étant pas fixé à l'encolure.
V. a. **faux-col**

205. col baleiné n. m.
whaleboned collar
Col de chemise ou de chemisier, renforcé de lames de matière plastique insérées dans les pointes.

206. col banane n. m.
dog ear collar
Col rabattu se caractérisant par ses pointes longues et assez larges, arrondies aux extrémités. (Voir ill. n° 179.)
Note. — Pluriel : **cols banane**.

207. col boule n. m.
ring collar
Col de fourrure, amovible ou non, dont les extrémités s'agrafent sous le menton de façon à maintenir le col replié sur lui-même, ce qui lui donne un aspect gonflé. (Voir ill. n° 239.)
Note. — Pluriel : **cols boule**.

208. col cagoule n. m.
cowl collar 1;
convertible hood collar

Grand col roulé d'un tricot, qui peut se rabattre sur la tête en formant une sorte de cagoule.

Note. — Pluriel : **cols cagoule**.

209. col cassé n. m.
wing collar

Col droit et rigide, à pointes rabattues le plus souvent amovible.

Notes. — 1. De nos jours, le col cassé ne se porte plus qu'avec la chemise de l'habit. (Voir ill. n° 54.)
2. Les fantaisies de la mode en font parfois un col de chemisier.

210. col châle n. m.
shawl collar

Col rabattu, plus ou moins croisé posé sur une encolure ou un décolleté en pointe et qui se prolonge devant en des revers arrondis qui se terminent en s'effilant.

Notes. — 1. On rencontre le col châle le plus souvent sur le smoking, la robe de chambre et un grand nombre de vêtements féminins. (Voir ill. n° 137.)
2. Pluriel : **cols châle**.

211. col cheminée n. m.
mock turtleneck;
chimney collar

Col montant d'un pull, formé d'une bande de tricot à côtes repliée sur elle-même et dont les deux bords sont cousus tout autour de l'encolure.

Notes. — 1. Le col cheminée peut être entièrement fermé ou comporter une glissière, un boutonnage.
2. Pluriel : **cols cheminée**.

212. col chemisier n. m.
shirt collar

Col classique du corsage chemisier.

Note. — Le col chemisier est rabattu, posé sur une encolure ras du cou, et ses extrémités généralement petites sont pointues ou arrondies. Il rappelle le col de la chemise d'homme. (Voir ill. n° 101.)

213. col chevalière n. m.
Petit col à pointes, arrondi et de largeur uniforme.

Notes. — 1. Le col chevalière est rabattu et sa longueur est moindre que celle de l'encolure, de sorte que ses extrémités demeurent légèrement espacées. Il se rencontre habituellement sur les vestes et les manteaux. (Voir ill. n° 2.)
2. Pluriel : **cols chevalière**.

214. col chinois n. m.
mandarin collar 1

Col qui s'apparente au col officier classique.

Note. — Les extrémités du col chinois sont arrondies dans le haut et se rapprochent davantage vers l'encolure de manière à former un petit V. (Voir ill. n° 175.)

215. col Claudine n. m.
Peter Pan collar

Col d'une largeur uniforme, dont les extrémités arrondies se rejoignent à l'avant.

Notes. — 1. Le col Claudine se pose à plat sur les vêtements de femmes et d'enfants, autour d'une encolure ras du cou. Le col Claudine classique est petit et blanc. (Voir ill. n° 75.)
2. Pluriel : **cols Claudine**.
3. Il est intéressant de noter que ce col doit son nom, en français comme en anglais, à un personnage littéraire : Claudine, héroïne célèbre de la grande romancière française Colette et Peter Pan, or the Boy who wouldn't grow up, de J.M. Barrie, écrivain écossais.

216. col cranté n. m.
notch collar
V. o. *notched collar*

Col formant un cran à son point de jonction avec le revers. Ex. : Le col tailleur est un col cranté.

217. col cravate n. m.;
      col écharpe n. m.
collar-scarf;
tie collar;
bow collar 1;
band collar

Bande de tissu souple, repliée ou non, de longueur et de largeur variables, fixée à une encolure ras du cou et qui se prolonge pour se nouer devant, de différentes façons.

Note. — Pluriel : **cols cravate**.

218. col debout
      Syn. de **col montant**

219. col droit
      Syn. de **col montant**

220. col écharpe
      Syn. de **col cravate**

221. collant 1
      Syn. de **bas-culotte**

222. collant 2
      Syn. de **maillot 3**

223. collerette 1 n. f.
collaret
V. o. *collarette*

Col léger, de largeur uniforme, plissé ou froncé autour de l'encolure ou du décolleté d'un vêtement. (Voir ill. n° 181.)

224. collerette 2 n. f.
trim 2;
piping trim

Petite bande bordant certaines ouvertures d'un vêtement.

Note. — Ces ouvertures peuvent être l'encolure, l'emmanchure, etc.

225. collet 1 n. m.
cape 2

Cape très courte sans capuchon.

226. collet 2 n. m.
cape 3

Vêtement féminin d'étoffe qui couvre les épaules.

Notes. — 1. Ce vêtement peut être aussi fait de fourrure.
2. Au sens de col, collet est un archaïsme. Il ne s'utilise guère qu'au figuré, dans l'expression collet monté qui signifie guindé.
3. Cependant, le mot collet peut encore s'employer aujourd'hui au sens de « col de grandes dimensions », surtout lorsqu'il s'agit d'un morceau d'étoffe arrondi, retombant à partir du cou ou de l'encolure jusque sur les épaules et la poitrine.

227. col marin n. m.
sailor collar

Grand col carré dans le dos, qui se prolonge devant en des revers effilés et garnit une encolure ou un décolleté en V souvent pourvus d'une modestie. (Voir ill. n° 243.)

Notes. — 1. Comme son nom l'indique, ce col est inspiré de celui des marins.
2. Pluriel : **cols marin**.

228. col montant n. m.;
      col debout n. m.;
      col droit n. m.;
      col officier n. m.
high collar;
stand-up collar 1;
straight collar

Col formé d'une bande cousue sur une encolure ronde de manière à se dresser tout autour du cou.

Note. — Le col montant peut se fermer à différents endroits.

229. col noué n. m.
bow collar 2

Tout col qui se prolonge devant en deux pans formant un nœud simple ou à coques, ou encore noués en cravate.

Note. — Le col noué le plus classique est le col cravate.

230. col officier 1
Syn. de **col montant**

231. col officier 2 n. m.
stand-up collar 2;
mandarin collar 2

Col montant dont les extrémités se rejoignent en avant bord à bord et ne s'attachent pas. (Voir ill. n° 174.)

Note. — Pluriel : **cols officier.**

232. col plat n. m.
flat collar

Col de formes diverses posé à plat sur l'encolure.

Note. — Le col plat s'oppose au col rabattu. Le plus classique est le col Claudine.

233. col polo n. m.
polo collar

Col pointu rabattu sur une encolure se fermant devant par une patte de boutonnage et qui constitue une des caractéristiques du polo.

Note. — Pluriel : **cols polo.**

234. col rabattu n. m.
turn-down collar;
turned-over collar

Col replié sur lui-même qui comporte un pied de col rapporté ou non et dont les extrémités du tombant sont de forme variable.

Note. — Le col rabattu s'oppose au col plat.

235. col roulé 1 n. m.
turtleneck 1

Col montant formé d'un bord-côte qui se replie sur lui-même.

Note. — Le col roulé est généralement près du cou et dépourvu de fermeture. On le rencontre surtout sur les chandails et les pulls. (Voir ill. n° 116.)

236. col roulé 2 n. m.
roll collar;
V. o. *rolled collar*
cowl collar 2;
turtleneck

Col de tissu de même forme qui orne un corsage et se ferme sur la nuque.

237. col roulé 3 n. m.
turtleneck 2

Pull, chandail à col roulé.

238. col tailleur n. m.
tailored collar

Col cranté dont les revers plus ou moins effilés forment un V en se croisant. (Voir ill. n° 5.)

Note. — Pluriel : **cols tailleur.**

239. col tenant n. m.
attached collar

Col qui est fixé au vêtement.

Note. — Col tenant s'oppose à **faux-col.**

240. col transformable n. m.
Terme à éviter : col deux façons
convertible collar;
two-way collar

Col conçu de façon à pouvoir se porter de différentes manières.

Note. — Le plus courant est le col transformable qui, ouvert, forme un col tailleur et, fermé, un col chemisier. (Voir ill. n° 70.)

241. combinaison 1 n. f.
combinations;
union suit

Chaud sous-vêtement masculin combinant en une seule pièce un gilet de corps à manches longues et un caleçon long, et qui se boutonne sur toute la longueur du devant. (Voir ill. n° 168.)

Note. — Il faut éviter l'emploi du terme combinaison au pluriel pour désigner un seul article.

242. combinaison 2 n. f.
coveralls 1

Vêtement de travail d'une seule pièce réunissant un pantalon et une veste à manches généralement longues, qui protège contre la poussière et les taches.

Note. — Ce vêtement est fermé sur le devant par une patte de boutonnage ou par une glissière. Fait d'une étoffe résistante et lavable (toile, coutil, coton, etc.), il se porte sur les autres vêtements et comporte une ceinture ainsi que de nombreuses poches. Ex. : combinaison de mécanicien, de menuisier. (Voir ill. n° 69.)

243. combinaison 3 n. f.
coveralls 2

Vêtement de protection pour le sport. De même forme que la combinaison de travail, il est porté par les skieurs, les motoneigistes, les pilotes d'avion et d'automobile, les parachutistes.

Note. — La combinaison utilisée pour les sports d'hiver peut comporter un capuchon.

244. combinaison-culotte n. f.
chemise

Combinaison-jupon formant culotte.

245. combinaison de gymnastique n. f.
gym romper
V. o. *gym rompers*

Vêtement de sport en coton, pour fillette, réunissant en une seule pièce un corsage souvent de style chemisier et une culotte bouffante. (Voir ill. n° 89.)

246. combinaison de nuit
Syn. de **dormeuse**

247. combinaison-jupon n. f.
slip 1

Sous-vêtement féminin consistant en une sorte de robe de fine lingerie, droite ou princesse, dépourvue de manches et de système de fermeture, suspendue aux épaules par d'étroites bretelles réglables, et dont la partie qui couvre la poitrine a généralement la forme d'un soutien-gorge. (Voir ill. n° 143.)

Notes. — 1. La combinaison-jupon se porte sur les autres dessous et directement sous la robe, la jupe, le corsage ou le tricot.
2. La combinaison-jupon est souvent appelée combinaison tout court, mais non pas jupon.

248. combinaison-pantalon n. f.
jumpsuit 1

Vêtement de ville, de loisirs, constitué d'une seule pièce en matière souple qui se ferme devant, et comprend un corsage avec ou sans manches (ou encore une chemise) prolongé par un pantalon. (Voir ill. n° 88.)

Notes. — 1. Même si la combinaison-pantalon est un vêtement unisexe, elle est davantage portée par les femmes.
2. On dit aussi combinaison pour désigner la combinaison-pantalon.

249. combinaison-short n. f.
hot pants

Vêtement féminin de ville ou de loisirs réunissant en une seule pièce un corsage et un short. (Voir ill. n° 87.)

250. combinaison-soutien-gorge n. f.
bra slip
Soutien-gorge véritable et jupon réunis en une seule pièce.

251. combiné n. m.
corselet 3;
corselette
Sous-vêtement de maintien réunissant en une seule pièce la gaine et le soutien-gorge. (Voir ill. nº 146.)

252. combiné-culotte n. m.
briefelette 1;
pantilette;
pantie corselette;
body stocking 1
Sous-vêtement féminin ayant la forme d'un combiné se terminant en culotte.
Note. — Le combiné-culotte est fait d'une matière extensible et souple qui peut être très légère et même transparente. (Voir ill. nº 148.)

253. combiné-slip n. m.
body suit 1;
body stocking 2;
briefelette 2
Combiné-culotte dépourvu de jambes. (Voir ill. nº 147.)

254. complet n. m.;
complet-veston n. m.;
costume 3 n. m.
suit 1;
business suit
Ensemble pour homme, composé d'un veston (appelé aussi veste), d'un pantalon et facultativement d'un gilet, tous coupés dans la même étoffe. (Voir ill. nº 45.)
Notes. — 1. Le terme habit au sens de complet est désuet.
2. Pluriel : **complets-veston**.

255. complet-veston
Syn. de **complet**

256. confection (vêtement de) n. f.
ready-made 1;
ready-to-wear 1
Vêtement fait en série.

257. coordonné n. m.
coordinates;
separates
Pièce d'habillement conçue pour se combiner avec d'autres, de façon à former différents ensembles.
Note. — Ce mot s'emploie aussi adjectivement. Ex. : jupe et pantalon coordonnés à une veste.

258. cordelière 1 n. f.
cord 1
Torsade terminée par des glands ou des pompons à ses deux extrémités et que l'on noue autour de la taille comme ceinture.
Note. — La cordelière est généralement confectionnée en soie, ou en coton.

259. cordelière 2 n. f.
string tie
Petite tresse de couleur portée en guise de cravate sur une chemise sport.

260. cordon 1 n. m.
string 2 (attache);
drawstring 1 (coulissant)
Petite corde servant d'attache à une coiffure, ou utilisée pour resserrer diverses pièces d'habillement. Ex. : cordons d'un bonnet; cordon de serrage d'une capuche (voir ill. nº 36); cordon coulissant à la base d'un anorak.

261. cordon 2 n. m.
cord 2;
hatband 2
Tresse de passementerie ou étroite bande de tissu dont on entoure la calotte d'un chapeau.

262. cordon 3 n. m.
apron-string

Chacune des attaches d'un tablier, constituée d'une étroite bande de tissu que l'on noue de différentes façons.

263. corps n. m.
body;
bodice 3

Partie d'un vêtement qui recouvre le torse, abstraction faite des manches et du col. Ex. : corps de robe, de chemise.

264. corsage 1 n. m.
blouse 6;
waist

Vêtement féminin qui couvre le buste et se porte directement sur les sous-vêtements.

Note. — Le corsage peut être confectionné dans différentes sortes de tissus et affecter des formes très variées.

265. corsage 2 n. m.
bodice 4;
corsage

Partie supérieure d'un vêtement féminin qui habille le corps à partir des épaules jusqu'aux environs de la taille, à l'exclusion des bras. Ex. : corsage d'une robe, d'une combinaison-pantalon.

266. corsage-culotte n. m.
body suit 2;
body shirt

Corsage moulant en tissu extensible, pourvu de manches et généralement d'un col, dont la partie inférieure en forme de culotte (fermée par une patte d'entrejambe détachable) maintient le corsage tendu et l'empêche de sortir de la jupe ou du pantalon. (Voir ill. n° 90.)

Note. — On rencontre également le terme justaucorps. C'est là un exemple typique de la tendance de la publicité commerciale à ressusciter une ancienne dénomination pour l'appliquer à une nouvelle création de la mode qui ne correspond guère au vêtement originel. Voilà pourquoi nous proposons le néologisme corsage-culotte qui nous paraît décrire particulièrement bien le vêtement qu'il désigne.

267. corselet 1 n. m.
bodice 5

Petit corsage ajusté, lacé sur le devant, court et sans manches, largement décolleté, laissant voir le haut et les manches de la blouse sur laquelle il est porté.

Note. — Le corselet fait généralement partie des costumes folkloriques. (Voir ill. n° 197.)

268. corselet 2
Syn. de **ceinture-corselet**

269. corset n. m.
corset

Sous-vêtement de tissu résistant, le plus souvent baleiné et s'ajustant au moyen d'un laçage, destiné à mouler le corps depuis le buste jusqu'au bas des hanches et à retenir les bas au moyen de jarretelles.

270. corseté, e adj.
Terme à éviter : corsé
corseted

Qui porte un corset.

271. corvette n. f.
duffle coat

Manteau sport descendant à mi-cuisses, pourvu d'un capuchon, que l'on porte pour se protéger du froid et des intempéries, inspiré du trois-quarts de la marine britannique. Confectionné dans un épais tissu de laine, il est de forme droite, comporte un empiècement et se ferme devant par des brandebourgs ou des brides de cuir ou d'autre matière, et des boutons appelés, selon leur forme, olives, bûchettes, etc. (angl. : *toggle*). (Voir ill. n° 29.)

Note. — Mis à la mode par l'écrivain français Jean Cocteau, ce vêtement a conservé en France son nom anglais d'origine. Les marins canadiens-francais lui donnèrent, durant la dernière guerre, le nom du type de navire à bord duquel il était en usage, c'est-à-dire la corvette.

272. costume 1 n. m.
costume 1;
dress 1

Habillement propre à une condition, une époque, un pays, un peuple, une circonstance, à l'exercice d'une fonction. Ex. : costume national; costume de cérémonie; costume de théâtre.

273. costume 2
costume 2;
fancy dress

Déguisement. Ex. : costume d'Arlequin.

274. costume 3
Syn. de **complet**

275. costume de bain
Syn. de **maillot de bain**

276. costume marin n. m.
sailor suit

Ensemble pour enfant, qui s'inspire du costume du matelot.

Notes. — 1. Généralement bleu ou blanc, le costume marin se compose d'une marinière ornée de galons constrastants et, selon l'âge ou le sexe, d'un pantalon, d'une culotte, d'une jupe plissée.
2. Pluriel : **costumes marin**.
3. Costume matelot est un terme désuet.

277. côte n. f.;
     tranche n. f.
section

Chacune des sections coupées en pointe d'une calotte. (Voir ill. n° 258.)

278. cotte n. f.
overalls 2;
dungarees 2

Vêtement de travail du genre de la salopette.

279. coulant n. m.
sliding ring;
keeper 1

Passant mobile d'une ceinture. (Voir ill. n° 212.)

280. coulisse 1 n. f.
casing

Ourlet ou rempli fait dans un vêtement pour le ceinturer ou réduire l'ampleur d'une ouverture au moyen d'un ruban ou d'un cordon quelconque qu'on y introduit et que l'on resserre à volonté. (Voir ill. n° 204.)

281. coulisse 2 n. f.
drawstring 2

Ce ruban ou ce cordon.

282. coupe-vent
Syn. de **poignet coupe-vent**

283. coussinet n. m.;
     ampliforme n. m.
bust pad;
falsie;
bra form

Coupelle de matière synthétique légère et spongieuse qui s'adapte au bonnet du soutien-gorge pour augmenter le volume de la poitrine.

284. cran 1 n. m.
notch

Angle formé par la rencontre du col et du revers. Ex. : col à cran fermé (ou relevé); col à cran ouvert (ou baissé); revers à cran aigu (angl. : *peaked lapel*).

285. cran 2 n. m.
hole

Trou d'une ceinture, d'une sangle par où passe l'ardillon de la boucle.

Note. — Le cran peut être renforcé d'un œillet de métal ou bordé d'un point de boutonnière. (Voir ill. n° 211.)

286. cravate 1 n. f.
necktie

Bande d'étoffe légère de longueur et de largeur variables selon la mode, que l'homme et parfois la femme portent comme ornement autour du cou, surtout sous le col de la chemise ou du chemisier, et qu'ils nouent devant, de différentes façons.

Note. — La cravate la plus courante est celle qui est assez longue pour que les extrémités descendent sur le devant de la chemise.

287. cravate 2 n. f.
fur neckpiece

Bande de fourrure dont les femmes s'entourent le cou.

288. cravate apache n. f.
apache tie

Large cravate sport de tissu soyeux qui est retenue autour du cou par un anneau.

289. cravate blanche n. f.
white tie

Nœud papillon blanc qui se porte avec l'habit. (Voir ill. n° 55.)

290. cravate club n. f.
club tie

Cravate dont les rayures diagonales sont de teintes et de largeurs différentes.

Notes. — 1. La dénomination de cravate club vient de ce que ses couleurs peuvent être celles d'une école ou d'un club. (Voir ill. n° 275.)
2. Pluriel : **cravates club**.

291. cravate noire n. f.
black tie

Nœud papillon noir qui se porte avec le smoking. (Voir ill. n° 63.)

292. crispin 1 n. m.
gauntlet 1

Manchette de cuir cousue à certains gants pour protéger le poignet. Ex. : gants à crispin d'escrimeur, de motocycliste, etc.

293. crispin 2 n. m.
gauntlet 2

Poignet ou manchette évasée d'un gant.

294. croisé, e adj.
double-breasted

Se dit d'un vêtement dont les devants ferment en se superposant et comportent un double boutonnage vertical. Ex. : veston croisé.

295. cuiret n. m.
sweatband

Bande de cuir qui entoure l'intérieur de la calotte d'un chapeau, spécialement d'un chapeau d'homme.

296. culotte 1 n. f.
breeches;
knee-breeches

Vêtement masculin allant de la taille aux genoux (ou plus court, pour les garçonnets), et conçu de manière à habiller chaque jambe séparément. Ex. : culotte de chasse.

297. culotte 2 n. f.
briefs 2;
panties 1;
step-ins

Sous-vêtement féminin retenu à la taille par un élastique, qui couvre le bas du tronc, enveloppe séparément le haut de chaque cuisse ou possède simplement deux ouvertures pour les jambes. (Voir ill. n° 164.)

298. culotte 3 n. f.
pants 1;
panties 2

Petit sous-vêtement analogue au précédent, que portent les bébés et les enfants en bas âge.

Note. — Ce sous-vêtement est dépourvu de jambes et peut être bouffant.

299. culotte bouffante n. f.
bloomers

Chaud sous-vêtement de tricot pour femmes, pourvu d'élastiques à la taille et aux cuisses.

300. culotte de cheval n. f.
riding breeches

Culotte d'équitation descendant jusqu'aux mollets et dont les jambes s'élargissent en un bouffant latéral au niveau des cuisses, pour se rétrécir aux genoux.

301. culotte golf
Syn. de **knickerbockers**

D

302. débardeur 1 n. m.
tank top 1;
shrink 1;
pullover vestie 1

Pull inspiré du maillot de corps que portaient les débardeurs.

Note. — Le débardeur est moulant, comporte des bretelles, une encolure ronde plus ou moins échancrée et des entournures très dégagées.

303. débardeur 2 n. m.
tank top 2;
shrink 2;
pullover vestie 2

Pull de fantaisie, sans manches et destiné à être porté sur un autre vêtement. (Voir ill. n° 115.)

304. décolletage 1 n. m.
decolletage

Action de décolleter, de se décolleter.

305. décolletage 2
Syn. de **décolleté**

306. décolleté 1 n. m.;
décolletage 2 n. m.
neck 1;
neckline 1;
décolleté 1

Encolure dépourvue de col qui s'éloigne sensiblement de la base du cou et qui peut découvrir, à des degrés divers, les épaules, le buste ou le dos. Ex. : La mode est aux encolures montantes plutôt qu'aux décolletés profonds.

307. décolleté 2 adj.;
décolletée 2 adj.
décolleté 2

Qui laisse à nu le cou et une partie de la gorge, du dos, des épaules. Ex. : une robe décolletée; (par ext.) une femme décolletée.

308. décolleté drapé n. m.
draped neckline 1

Encolure dégagée comportant un agencement de plis et de replis souples formés par l'étoffe du corsage. (Voir ill. n° 183.)

309. décolleté en cœur n. m.
sweetheart neckline

Décolleté avant dont la forme rappelle la partie supérieure d'un cœur. (Voir ill. n° 180.)

Note. — Pluriel : **décolletés en cœur**.

310. décolleté plongeant n. m.
plunging neckline

Décolleté généralement en pointe qui descend très bas devant ou, moins souvent, dans le dos.

311. décolleter 1 v. tr.

Laisser le cou découvert ainsi que, à des degrés divers, les épaules, la gorge ou le dos, selon le cas.

312. décolleter 2 v. tr.
to cut a neckline décolleté;
to cut a low neckline

Donner à un vêtement une encolure très dégagée. Ex. : Décolleter une robe.

313. découpe n. f.
seaming

Décoration produite par une couture assemblant deux pièces d'un vêtement découpées de façon à lui donner une ligne particulière. Ex. : robe galbée par des découpes princesse (voir ill. n°s 80 et 141); découpes bretelle d'une redingote. (Voir ill. n° 18.)

314. dégrafer v. tr.;
désagrafer v. tr.
to unhook;
to unfasten;
to undo

Disjoindre le crochet et la porte d'une agrafe afin d'ouvrir un vêtement ou une partie de vêtement. Ex. : Dégrafez votre col.

315. dégrafer 1, se v. pron.
to undo one's clothing

Dégrafer le ou les vêtements que l'on porte.

316. dégrafer 2, se v. pron.
to come undone

Se détacher en parlant d'un vêtement ou d'une partie de vêtement fermés au moyen d'agrafes. Ex. : Ce col se dégrafe à tout moment.

317. demi-bas
Syn. de **mi-bas**

318. demi-guêtre n. f.
spat 1

Guêtre courte qui recouvre le haut de la chaussure et s'arrête au-dessus de la cheville.

Note. — Pluriel : **demi-guêtres**.

319. demi-saison, de loc. adj.
topcoat 1

L'expression de demi-saison s'applique à un manteau plus léger que le manteau d'hiver, et qui se porte au printemps ainsi qu'à l'automne.

Note. — On dit aussi, absolument : un demi-saison.

320. déshabillé n. m.
negligee 1

Manteau léger de longueur variable et, le plus souvent, de ligne floue que les femmes portent dans l'intimité.

Note. — Généralement plus élégant que le peignoir ou que la robe de chambre, le déshabillé est souvent assorti d'une chemise de nuit en même tissu. Ex. : dentelles et volants pour une chemise de nuit et son déshabillé. (Voir ill. n° 131.)

321. déshabiller, se v. pron.;
se dévêtir v. pron.
to undress oneself

Retirer ses vêtements, et plus spécialement les vêtements de dessus destinés à être portés au dehors (chapeau, manteau, gants, etc.).

322. dessous n. m. pl.
underwear 1;
underclothes;
underclothing

Vêtements destinés à être portés à même la peau et sous d'autres vêtements.

Note. — Le mot dessous désigne surtout l'ensemble des sous-vêtements féminins.

323. dessous-de-bras n. m.
shield;
dress-preserver

Pièce indépendante et imperméable qui protège le vêtement de la transpiration.

Note. — Le dessous-de-bras est retenu sous l'aisselle par un système d'élastiques ou fixé à cheval sur le creux de l'emmanchure.

324. deux-pièces 1 n. m.
two-piece;
two-piecer

Ensemble féminin composé d'une jupe ou d'un pantalon accompagné soit d'une veste souvent non doublée soit d'une tunique ou d'un boléro assortis, généralement de même étoffe.

325. deux-pièces 2 n. m.
two-piece swimsuit;
bare midriff ensemble

Maillot de bain formé d'un soutien-gorge et d'une culotte.

326. devant (d'un vêtement) n. m.
front (of a garment)

Partie antérieure d'un vêtement par analogie avec le devant du corps. Ex. : les devants d'un veston.

327. djellaba n. f.
djellaba
V. o. *jellaba*

Vêtement de dessus plus ou moins ample, de ligne sobre qui s'enfile par la tête grâce à une longue fente d'encolure et qui tombe droit jusqu'aux pieds; il comporte des manches longues et un capuchon.

Notes. — 1. C'est une adaptation approximative de la djellaba nord-africaine par la mode féminine.
2. Ne pas confondre djellaba et burnous.

328. doigt n. m.
glove finger

Chacune des parties du gant habillant isolément les doigts de la main.

329. dormeuse n. f. (QC);
combinaison de nuit n. f. (FR);
grenouillère n.f.
sleeper;
sleeping suit

Tenue de nuit pour enfants faite d'une seule pièce en éponge extensible ou en finette, comportant des manches longues et des jambes avec pieds.

Note. — La dormeuse est souvent munie d'une longue glissière devant et d'un panneau qui s'ouvre dans le dos à la taille, ou encore de boutons-pression qui vont du cou jusqu'au bas de l'entrejambe. (Voir ill. n° 172.)

330. double boutonnage n. m.
double breasted buttoning;
double breast closing

Boutonnage constitué de deux rangées parallèles d'un nombre égal de boutons. Ex. : double boutonnage d'un veston croisé, d'un caban. (Voir ill. n° 40.)

331. doublure n. f.
lining;
liner (amovible)

Étoffe souple, légère ou solide (ou parfois fourrure), coupée d'après le patron de l'article vestimentaire à l'envers duquel elle est fixée en permanence ou temporairement.

Note. — La doublure est destinée à soutenir le vêtement, le garnir, en dissimuler les coutures, et peut aussi servir à le rendre plus chaud.

332. douillette n. f.
quilted robe

Robe de chambre matelassée pour dame.

333. drapé 1 n. m.
drape

Agencement, dans un vêtement féminin, de plis flottants exécutés dans une étoffe souple le plus souvent en plein biais.

334. drapé 2 adj.;
drapée 2 adj.
draped

Se dit d'un vêtement ou d'une partie de vêtement comportant un drapé. Ex. : encolure drapée.

335. draper v. tr.
to drape

Former des plis souples non cousus dans une étoffe, un vêtement.

336. droit 1 adj.;
droite 1 adj.
straight;
boxy

Se dit d'un vêtement non cintré dont la ligne tombe perpendiculairement aux épaules.

337. droit 2 adj.;
droite 2 adj.
single-breasted

S'oppose à croisé, en parlant d'un vêtement et plus particulièrement d'un veston.

E

338. écharpe 1 n. f.
scarf 2

Long rectangle de tissu ou de tricot porté autour du cou pour se protéger du froid ou en guise d'ornement.

339. écharpe 2 n. f.
stole 1

Large bande d'étoffe que les femmes portent sur les épaules comme un châle.

340. écharpe 3 n. f.
sash 2

Large bande d'étoffe que l'on porte soit en bandoulière, soit nouée autour de la taille, comme insigne de dignité.

341. échelle n. f.;
maille filée
run

Démaillage en forme d'échelle produit, dans un bas, par la rupture d'une maille qui a fait filer verticalement les mailles suivantes.

342. emmanchure 1 n. f.;
entournure 1 n.f.
armhole 1;
armscye 1

Chacune des ouvertures d'un vêtement où se montent les manches.

343. emmanchure 2 n.f.;
entournure 2 n. f.
armhole 2;
armscye 2

Chacune des ouvertures d'un corsage sans manches par où l'on passe les bras. Ex. : emmanchure américaine.

344. emmanchure 3 n.f.;
entournure 3 n.f.
armhole 3;
armscye 3

Partie de la manche qui s'adapte au corsage.

345. emmanchure 4 n. f.;
entournure 4 n. f.
armhole 4;
armscye 4

Endroit où la manche et le corsage se réunissent au moyen d'une couture.

346. emmanchure 5 n. f.;
entournure 5 n. f.
armhole 5;
armscye 5

Endroit d'un vêtement où la manche prolonge le corsage sans couture. Ex. : emmanchure à même, emmanchure kimono.

347. emmanchure américaine n. f.
cutaway armhole;
cutaway shoulder

Emmanchure d'un corsage sans manches, coupée obliquement de l'aisselle à l'encolure et qui laisse l'épaule nue.

348. empaumure 1 n. f.;
paume 1 n. f.
palm 1

Partie du gant qui recouvre l'intérieur de la main depuis la base des doigts jusqu'au poignet, en excluant le pouce.

349. empaumure 2 n. f.;
paume 2 n. f.
palm 2

S'applique parfois à toute la face interne du gant qui couvre l'intérieur de la main à l'exclusion du poignet.

350. empiècement n. m.
yoke

Pièce de forme variable, habituellement ajustée, rapportée dans le haut d'un vêtement, devant ou derrière (ou les deux à la fois), à partir des épaules, ou à partir de la taille dans le cas d'une jupe ou d'un pantalon. (Voir ill. n° 76.)

351. enchapure n. f.
buckle-loop

Extrémité d'une ceinture repliée et fixée autour de la barrette ou de la carrure d'une boucle, généralement percée d'une mortaise pour laisser passer l'ardillon. (Voir ill. n° 210.)

Notes. — 1. Il peut s'agir également de l'extrémité d'une patte ou d'un tirant de réglage.
2. La mortaise consiste en un trou allongé.

352. encolure 1 n. f.
neckhole;
neck opening;
neck 2;
neckline 2

Ouverture du vêtement par où l'on passe la tête.

353. encolure 2 n. f.
neckline 3;
neck 3

Partie du vêtement où se fixe le col.

354. encolure 3 n. f.
neck size;
size of neck;
size of collar

Mesure du pourtour d'une encolure. Ex. : chemise d'encolure 14.

355. encolure bateau n. f.
bateau neck;
bateau neckline;
boat neck;
boat neckline

Encolure (ou décolleté horizontal) s'effilant en pointes sur les épaules qu'elle dégage à des degrés divers. (Voir ill. n° 177.)

Note. — Pluriel : **encolures bateau**.

356. encolure dégagée n. f.
scoop neckline

Encolure qui s'écarte de la base du cou. (Voir ill. n° 105.)

357. encolure drapée n. f.
draped neckline 2

Encolure comportant des plis souples qui peuvent être formés de différentes facons. (Voir ill. n° 182.)

358. encolure montante
Syn. de **col montant**

359. encolure ras du cou n. f.;
ras du cou n. m. ou loc. adj.;
ras le cou n. m. ou loc. adj.;
ras de cou n. m. ou loc. adj.
crew neck;
jewel neck

Encolure ronde qui s'ajuste très près du cou. (Voir ill. n° 81.)

Notes. — 1. Prise substantivement, l'expression ras du cou désigne, par synecdoque, un tricot à encolure ras du cou. Ex.: La mode est aux ras du cou en laine ou en coton.
2. Noter que la locution adjectivale ras du cou peut qualifier également tout vêtement qui comporte une encolure ras du cou. Ex.: corsage ras du cou.

360. endosser v. tr.
to put on 1

Se couvrir d'un vêtement, et spécialement d'un vêtement de dessus ouvert devant, que l'on enfile par les manches. Ex.: Endosser un veston.

361. en forme loc. adj.
contoured

S'applique à la coupe d'un vêtement ou d'une partie de vêtement qui est étudiée de manière à mieux épouser la forme du corps.

Note. — Cette coupe suit une ligne courbe dont le milieu correspond soit au plein biais, soit au droit fil du tissu, selon le degré de courbure que l'on veut obtenir. Ex.: ceinture en forme, col en forme, jupe en forme.

362. enfourchure n. f.
crotch 1;
fork 1

Partie échancrée du pantalon, de la culotte ou du caleçon qui va de la pointe de la fourche jusqu'à la ceinture, devant et derrière.

363. ensemble n. m.
ensemble

Vêtement à l'usage des deux sexes, mais surtout porté par les femmes composé d'au moins deux pièces assorties et conçues pour être portées en même temps.

364. ensemble molletonné
Syn. de **survêtement**

365. ensemble ouatiné
Syn. de **survêtement**

366. ensemble-pantalon n. m.
pantsuit 1

Deux-pièces féminin composé d'un pantalon et d'un haut s'harmonisant par la teinte et le tissu.

Notes. — 1. L'ensemble-pantalon diffère du **pantailleur** par la coupe de son haut qui peut se prêter à toutes les fantaisies.
2. Pluriel : **ensembles-pantalons**.

367. entournure
Syn. de **emmanchure**

368. entrée de tête 1 n. f.
headband 1

Étroite bande qui, dans une coiffure, épouse le contour de la tête et sert au montage du bord à la calotte.

369. entrée de tête 2 n. f.
head size 1

Mesure de l'ouverture d'une coiffure correspondant au périmètre de la tête.

370. entre-doublure n. f.
interlining 1

Doublure faite de matière variable que l'on insère entre l'étoffe et la doublure ordinaire d'une veste ou d'un manteau d'hiver pour les rendre plus chauds.

371. entrejambe n. m.
crotch 2;
fork 2

Partie interne des jambes d'un pantalon, d'une culotte, etc., qui va de la fourche au bas. Ex. : couture d'entrejambe (angl. : *inseam*).

Note. — L'entrejambe se confond avec la fourche quand il s'agit d'un vêtement sans jambes qui forme culotte. Ex. : patte d'entrejambe d'un combiné-culotte.

372. épaulette 1
Syn. de **bretelle**

373. épaulette 2 n. f.
epaulet 1;
epaulette 1

Patte d'épaule qui orne certains uniformes militaires. Elle est de couleur tranchante et garnie de franges.

374. épaulette 3 n. f.
shoulder pad

Pièce rembourrée cousue à l'intérieur d'un vêtement, au niveau des épaules, pour rehausser la pente de celles-ci et parfois élargir la carrure.

Note. — On utilise particulièrement l'épaulette quand il s'agit de camoufler un défaut de conformation ou pour se plier aux décrets de la mode.

375. étole n. f.
stole 2

Bande d'étoffe ou de fourrure droite ou en forme, portée par les femmes pour compléter leur toilette.

Notes. — 1. L'étole couvre les épaules et peut même descendre jusqu'aux genoux en deux pans plus ou moins larges.
2. Cette dénomination semble venir de l'analogie avec le vêtement liturgique.

F

376. faire v. tr.
to make

Confectionner. Ex. : Faire une robe.

377. falbalas n. m. pl.
furbelows

Ornements prétentieux et excessifs sur une toilette.

378. faluche n. f.
painter's beret

Béret ample et souple que portaient autrefois les étudiants.

Notes. — 1. On le confectionnait généralement de velours noir.
2. Les fantaisies de la mode font parfois de la faluche une coiffure féminine.

379. fanchon n. f.
kerchief 2;
babushka;
head scarf 2

Coiffure féminine faite d'un fichu de forme triangulaire, ou d'un mouchoir plié en triangle.

Note. — La pointe de la fanchon se place à l'arrière de la tête et les deux bouts se nouent sous le menton. Elle peut aussi être retenue par des brides.

380. fausse manche
Syn. de **manchette**

381. fausse poche n. f.
Terme à éviter : poche menteuse
false pocket;
mock pocket

Garniture simulant une poche.

Note. — Cette garniture peut être une patte, un rabat, un passepoil.

382. faux-col n. m.
detachable collar 2

Col amovible, empesé ou non, qui s'adapte à l'aide de boutons au pied de col d'une chemise d'homme.

383. faux pli n. m.;
grimace n. f.;
pli n. m.
wrinkle;
crease 1

Pli inesthétique qui résulte du froissement ou du mauvais ajustement d'un vêtement.

384. fenêtre n. f.
Terme à éviter : découpe
opening;
cut-out

Ouverture décorative de forme variable pratiquée dans une manche, un corsage, un gant, etc., et qui laisse voir la peau. (Voir ill. n° 230.)

385. fente n. f.
slash

Ouverture étroite et allongée pratiquée dans toute l'épaisseur d'un vêtement. Ex. : fente d'un poignet, d'une boutonnière.

386. fente latérale n. f.
side vent

Ouverture verticale située dans le prolongement de la couture du côté et dans le bas du vêtement. Ex. : fente latérale d'une jupe.

Note. — Les bords de certaines fentes latérales, par exemple celles d'une veste, se superposent au lieu de demeurer bord à bord.

387. fente médiane n. f.
center back vent

Ouverture verticale qui, dans le bas d'un vêtement, se situe en prolongement de la couture du milieu du dos. Ex. : fente médiane d'un veston, d'un manteau.

Note. — Les bords de la fente médiane peuvent se rencontrer bord à bord, ou encore se croiser en se superposant comme dans le cas d'un veston, d'un manteau.

388. fermeture à glissière n. f.;
glissière n. f.;
fermeture éclair n. f.
zipper;
slide fastener

Système de fermeture formé de deux bandes parallèles de ruban sergé fixées de chaque côté d'une ouverture d'un vêtement et bordées d'une crémaillère dont les dents de métal ou de matière plastique s'engrènent au moyen d'un curseur (petite pièce mobile coulissante nommée en anglais *slider*) qu'il suffit de tirer.

Notes. — 1. À l'origine fermeture éclair était un nom déposé.
2. Pluriel : **fermetures à glissière**.

389. fermeture éclair
Syn. de **fermeture à glissière**

390. ferret n. m.
tag;
lace tab

Bout d'un lacet, qui facilite son passage dans les œillets.

Note. — Le bout du ferret peut être métallique ou de matière plastique.

391. feutre
Syn. de **chapeau de feutre**

392. fichu n. m.
fichu 1;
kerchief 3;
head scarf 3

Pièce d'étoffe souple de forme triangulaire ou pliée en triangle, dont les femmes se couvrent la tête, les épaules ou le cou.

Note. — Le fichu est souvent confectionné en lainage, en soie ou en dentelle.

393. fixe-chaussette n. m.;
   jarretelle n. f.
garter 1

Dispositif servant à maintenir tendues des chaussettes d'homme.

Notes. — 1. Le fixe-chaussette est constitué d'un ruban caoutchouté qui se place autour du mollet et qui est muni d'une bande verticale terminée par une pince. (Voir ill. n° 163.)
2. Pluriel : **fixe-chaussettes**.

394. fond 1 n. m.
seat

Partie d'un pantalon, d'une culotte, etc., située au niveau du siège.

395. fond 2 n. m.
crown 2

Partie supérieure de la calotte d'un chapeau.

396. fond 3
   Syn. de **calotte 2**

397. fond 4
   Syn. de **coiffe 2**

398. fond de jupe n. m.
skirt foundation 1

Doublure flottante de jupe, cousue uniquement à la ceinture de cette dernière.

Note. — Pluriel : **fonds de jupe**.

399. fond de robe n. m.
foundation slip;
slip 2

Sous-vêtement féminin très voisin du jupon-combinaison, mais qui est un peu plus couvrant de sorte qu'il peut se porter sous un vêtement d'une certaine transparence, et faire plus ou moins office de doublure.

Notes. — 1. La partie supérieure du fond de robe se prolonge sur les épaules en de larges bretelles à même, non réglables. (Voir ill. n° 140.)
2. Pluriel : **fonds de robe**.

400. forme 1 n. f.
hat shape 1

Armature sur laquelle on tend et coud l'étoffe d'un chapeau.

401. forme 2 n. f.
hat shape 2

Calotte de feutre qui n'a pas encore été travaillée.

402. forme 3 n. f.
shape

Aspect d'un vêtement, d'un chapeau considéré par rapport à sa ligne. Ex. : manteau de forme raglan; chapeau de forme canotier.

403. forme 4
   Syn. de **calotte 2**

404. foulard 1 n. m.
scarf 3

Fichu ou mouchoir qui tire son nom du tissu léger de soie ou de rayonne, uni ou imprimé dans lequel il est fait et qui s'appelle foulard.

405. foulard 2 n. m.
scarf 4

Cache-col de même tissu.

406. fourche n. f.
crotch 3;
fork 3

Creux de l'enfourchure qui forme pointe et est situé à la réunion des jambes d'un pantalon, d'une culotte, d'un caleçon.

407. fourchette n. f.
fourchette

Chacune des petites bandes cousues aux entredoigts d'un gant coupé pour former la partie latérale des doigts. (Voir ill. n° 231.)

408. fourré, e adj.
fur lined;
furred

Se dit d'un vêtement dont la doublure est constituée de fourrure. Ex. : La caractéristique de la pelisse est d'être fourrée.

409. fourreau 1 n. m.
sheath 1

Robe habituellement non ceinturée qui épouse la forme du corps.

Note. — On dit aussi, par apposition, robe fourreau.

410. fourreau 2 n. m.
sheath 2

Fond de robe collant fait de soie, de taffetas ou d'un tissu similaire, qui se porte sous une robe habillée transparente.

411. fourreau 3 n. m.
sheath 3

Jupe moulante.

Note. — La jupe moulante est appelée fourreau par analogie.

412. fronce n. f.
gather

Chacun des petits plis obtenus en resserrant une étoffe à l'aide d'un fil coulissé. (Voir ill. n° 200.)

413. froncis n. m.
gathering

Ensemble de fronces exécutées sur un vêtement ou une étoffe.

414. fuseau
Syn. de **pantalon fuseau**

415. gabardine n. f.
twill raincoat;
gabardine raincoat

Vêtement de pluie auquel on a donné le nom de l'étoffe plutôt légère, au tissage serré, dans laquelle il est confectionné.

416. gaine n. f.
girdle

Corset souple fait de matière extensible, de forme plus ou moins tubulaire, sans baleines ni laçage, pourvu de jarretelles souvent amovibles et d'un plastron abdominal.

Note. — Ce sous-vêtement est destiné à galber la taille et les hanches. (Voir ill. n° 149.)

417. gaine-culotte n. f.
pantie-girdle;
pull-on girdle;
step-in girdle

Gaine ayant la forme d'une culotte avec ou sans jambes, le plus souvent munie de jarretelles amovibles.

418. gandoura n. f.
gandoura
V. o. *gandourah*

Tunique de style très sobre, vaguement inspirée de la gandoura que portent les Arabes sous le burnous.

Note. — La gandoura tombe jusqu'aux pieds, comporte des manches longues et, contrairement à la djellaba et au burnous, n'a pas de capuchon.

419. gant n. m.
glove

Accessoire vestimentaire qui épouse la forme de la main, habille chaque doigt séparément, et peut monter plus ou moins haut sur le bras.

Note. — On distingue les gants coupés qui sont faits de pièces de peausserie (cuir fin) ou d'étoffes diverses cousues, et les gants de tricot tubulaire qui ne comportent pas de coutures d'assemblage. Ces derniers peuvent être faits de fil, de coton, de soie ou de laine.

420. gant auto
Syn. de **gant de conduite**

421. gant court n. m.
shorty
V. o. *shortie*

Gant ne couvrant que la main ou se prolongeant légèrement sur le poignet.

422. gant de conduite n. m.;
gant auto n. m.
racer glove;
racing glove

Gant court et souple, généralement de peausserie.

Notes. — 1. Le gant de conduite présente, au dos de la main, une large échancrure ainsi que quatre fenêtres au niveau des jointures et souvent des perforations tout au long des doigts, ce qui donne à la main une grande liberté de mouvement. Sa paume comporte, parfois, des nervures transversales qui assurent une prise solide sur le volant. (Voir ill. n° 229.)
2. Puriel : **gants-auto**.

423. gant de Saxe n. m.;
gant saxe n. m.;
saxe

Gant très sobre, dépourvu de revers, de fentes, de baguettes ou d'autres garnitures.

Notes. — 1. Souvent fait de peausserie, le gant de Saxe est légèrement évasé et couvre le poignet. (Voir ill. n° 232.)
2. Pluriel : **gants saxe**.

424. gant fourré 1 n. m.
fur-lined glove

Gant dont l'intérieur est en fourrure.

425. gant fourré 2 n. m.
lined glove

Gant garni d'une doublure textile.

Note. — La doublure peut être faite de jersey de laine, de soie, etc.

426. gant long n. m.
over-elbow length glove

Gant prolongé par un rebras qui monte au-dessus du coude.

427. gant mi-long n. m.
mid-arm length glove

Gant dont le rebras s'arrête à mi-chemin entre le poignet et le coude.

Notes. — 1. On dit aussi gant demi-long.
2. Pluriel : **gants mi-longs**.

428. gant saxe
Syn. de **gant de Saxe**

429. gant trois-quarts n. m.
almost-elbow length glove

Gant dont le rebras se prolonge sur l'avant-bras en le couvrant presque entièrement.

430. garde-robe n. f.;
vestiaire n. m.
wardrobe

Ensemble des vêtements appartenant à une personne.

Note. — Pluriel : **garde-robes**.

431. genouillère 1 n. f.
knee-warmer

Fourreau en tricot que l'on enfile par-dessus le genou pour le protéger contre le froid.

432. genouillère 2 n. f.
kneecap;
kneepad

Tout article servant à protéger ou à maintenir le genou.

433. gilet 1 n. m.
vest 4;
waistcoat 1

Vêtement masculin couvrant uniquement le torse, qui se porte sur la chemise et sous le veston d'un complet. Sans manches, il n'a généralement pas de col, mais son encolure en V distinctive peut comporter des revers.

Notes. — 1. Le gilet est cintré, à simple ou double boutonnage devant, et pourvu le plus souvent de quatre poches caractéristiques dites « poches gilet », ainsi que de tirants de réglage à la taille, dans le dos. Ses devants se terminent en deux pointes sur l'abdomen et le dos peut être en tissu à doublure. Selon qu'il est tailleur, de soirée ou sport, l'étoffe et la couleur du gilet sont identiques à celles du pantalon et du veston ou sont différentes. (Voir ill. n°s 47 et 51.)
2. Il ne faut pas confondre le gilet avec la veste (voir ce terme).

434. gilet 2 n. m.
vest 4;
waistcoat 2

Vêtement féminin couvrant uniquement le torse.

Note. — Le gilet est classique ou de fantaisie suivant la mode; il se porte le plus souvent sur un chemisier, avec une jupe ou un pantalon assortis, et sous la jaquette d'un tailleur.

435. gilet 3 n. m.
vest 5

Manteau plutôt léger, en étoffe, sans manches, boutonné ou non, que les femmes portent soit sur une robe, soit sur un corsage assorti d'un pantalon ou d'une jupe.

436. gilet de corps 1 n. m.
gilet de peau n. m.
undershirt 1;
athletic undershirt;
athletic shirt;
singlet

Sous-vêtement masculin en maille qui moule étroitement le torse et se porte sur la peau.

Note. — Le gilet de corps est dépourvu de manches, et son encolure ainsi que ses emmanchures sont dégagées de manière à former des épaulettes.

437. gilet de corps 2 n. m.
long-sleeve shirt

Chaud sous-vêtement masculin analogue au précédent, pourvu de manches longues, d'une encolure ras du cou et souvent d'un boutonnage devant.

438. gilet de laine n. m.
V-neck cardigan;
cardigan 2

Tricot de laine boutonné au milieu du devant, avec ou sans manches, à encolure en V caractéristique, avec bords-côtes à la base et aux poignets. (Voir ill. n° 114.)

Notes. — 1. Le gilet de laine s'arrête généralement aux hanches et peut descendre plus bas.
2. Ne pas confondre avec **cardigan** (voir ce terme).

439. gilet de peau
Syn. de **gilet de corps**

440. glissière
Syn. de **fermeture à glissière**

441. goder v. intr.
to pucker;
to ruck up

En parlant d'un vêtement ou d'une partie de vêtement, former des ondulations disgracieuses par suite d'une mauvaise coupe ou d'un montage défectueux.

442. godet 1 n. m.
flare

Chacune des ondulations qui se forment d'elles-mêmes au bas d'un vêtement évasé, par suite de sa coupe en biais ou en forme.

443. godet 2 n. m.
godet

Chacun des plis souples obtenus en intercalant, à intervalles réguliers, des soufflets dans des encoches verticales, au bas d'un vêtement ou d'une partie de vêtement coupés droit fil. Ex. : jupe à godets.

444. godet 3 n. m.
gore 1

Chacun des lés ou panneaux triangulaires d'une jupe qui font qu'elle s'évase et retombe en plis souples.

Note. — On dit jupe « à godets » et non jupe godée (voir goder).

445. godet 4 n. m.
pucker 1

Ondulation inesthétique au bas d'un vêtement ou d'une partie de vêtement qui ne tombe pas d'aplomb. Ex. : Cette jupe tombe mal, elle forme un godet sur le côté.

446. gousset 1
Syn. de **poche gousset**

447. gousset 2
Terme à éviter : soufflet
gusset 1

Petite pièce de tissu en forme de losange ou de triangle placée à l'aisselle d'une manche kimono ou d'une manche à même, pour donner plus d'aisance.

448. gousset 3 n. m.
crotch 4

Losange de tricot, souvent renforcé placé à la fourche d'un bas-culotte.

449. grenouillère 1
Syn. de **dormeuse**

450. grenouillère 2 n. f.
jumpsuit 2

Combinaison à pieds, décolletée et sans manches que les jeunes enfants portent par-dessus un corsage léger. (Voir ill. n° 169.)

451. grimace
Syn. de **faux-pli**

452. guêtre n. f.
gaiter;
spat 2

Enveloppe qui recouvre la jambe et le dessus de la chaussure.

Note. — De longueur variable, la guêtre comporte un sous-pied et un système de fermeture à boutons ou à crochets sur le côté. Elle est généralement confectionnée d'étoffe ou de cuir.

H

453. habillable adj.
easy to dress
Se dit de quelqu'un qui peut porter de façon seyante tout genre de vêtements qu'on lui fait. Ex. : Cette personne a une conformation qui la rend difficilement habillable.

454. habillage n. m.
dressing

Action de mettre des vêtements. Ex. : L'habillage de ce comédien doit se faire rapidement.

455. habillé 1 adj.;
habillée 1 adj.
dressed

Qui porte des vêtements.

456. habillé 2 adj.;
habillée 2 adj.
dressy

Tenue ou pièce d'habillement convenant aux réceptions, aux soirées, aux cérémonies. Ex. : Cette robe est beaucoup plus habillée que l'autre.

Note. — Éviter d'employer l'expression « de toilette » au lieu d'habillé, pour qualifier un vêtement.

457. habillement 1 n. m.
clothing

Ensemble de tous les vêtements et accessoires qui servent à couvrir, protéger et orner le corps. Ex. : Dépenser beaucoup pour l'habillement.

458. habiller v. tr.;
vêtir v. tr.
to put on clothes;
to dress;
to clothe;
to make clothes for

Mettre des vêtements (à quelqu'un); donner des vêtements (à quelqu'un); faire sur mesure des vêtements (pour quelqu'un). Ex. : L'infirmière a habillé le malade. La couturière habille ses clientes.

459. habiller 1, s' v. pron.;
se vêtir v. pron.
to dress oneself

Mettre des vêtements sur soi.

460. habiller 2, s' v. pron.
to dress up as;
to dress in

Porter telle sorte de vêtements, telle couleur. Ex. : S'habiller de bleu.

461. habiller 3, s' v. pron.
to dress 2;
to dress up

Revêtir des vêtements habillés. Ex. : Il faut s'habiller pour cette soirée.

462. habit 1 n. m.
dress 2;
costume 3;
habit

Ensemble des pièces constituant une tenue particulière, à l'exclusion de la coiffure et des chaussures. Ex. : habit de cheval.

463. habit 2 n. m.
full dress;
evening dress 1;
tailcoat;
tails;
dress-coat;
formal;
dress suit

Tenue de soirée masculine qui se porte de moins en moins et uniquement pour les cérémonies officielles, après six heures.

Notes. — 1. L'habit proprement dit consiste en une courte veste ajustée de fin drap noir ou bleu nuit (ou d'étoffe blanche légère, pour l'été) à col tailleur, à revers de soie s'écartant suffisamment pour laisser voir le gilet; elle est prolongée par une queue formée de deux longues et étroites basques échancrées sur les hanches et pendant derrière, jusqu'aux mollets.
2. L'habit se porte avec le pantalon à galons de soie, sans revers, assorti à la veste. Il s'accompagne obligatoirement d'un gilet blanc, d'une chemise à plastron, d'un col cassé, d'une cravate blanche, de gants blancs et d'un haut-de-forme. (Voir ill. n° 53.)

464. habit de neige n. m.
snowsuit

Tout ensemble d'hiver pour jeunes enfants, composé d'une veste avec glissière sur le devant et capuchon tenant ou amovible, et d'un pantalon-fuseau avec ou sans pieds.

Notes. — 1. L'habit de neige peut également affecter la forme d'une combinaison. (Voir ill. n° 173.)
2. Le terme esquimau qui était parfois utilisé en France est maintenant désuet. Ce terme n'est pas passé dans l'usage au Québec.

465. haut 1 (d'un vêtement) n. m.
top 1

Partie supérieure d'un vêtement.

466. haut 2
top 2

Tout vêtement qui couvre le torse, considéré par rapport à la jupe, au pantalon, etc., qu'il accompagne. Ex. : Le pantalon féminin se porte cette année avec toutes sortes de hauts : chemisiers, débardeurs, vestes, manteaux trois-quarts, blousons, etc.

467. haut-de-forme
Syn. de **chapeau haut-de-forme**

468. haute couture loc. adj. inv.
Se dit d'un vêtement sortant des ateliers d'un grand couturier. Ex. : robe ou manteau haute couture.

469. haute couture n. f. sing.
haute couture;
couture;
high style dressmaking

Création par les grands couturiers de modèles originaux exécutés sur mesures, spécialement dans le domaine de l'habillement féminin. Ex. : Depuis quelques années le prêt-à-porter dame le pion à la haute couture.

470. huit-reflets
Syn. de **chapeau haut-de-forme**

I

471. imper
Syn. d'**imperméable**

472. imperméable n. m.;
imper n. m.
raincoat 1

Manteau qui protège contre la pluie et peut être muni d'un capuchon.

Notes. — 1. L'imperméable est confectionné soit dans des tissus enduits, apprêtés ou très serrés, soit dans des matières qui ne se laissent pas traverser par l'eau, comme le plastique ou le caoutchouc.
2. On dit aussi par apocope **imper**.

473. incrustation n. f.
inset

Garniture consistant en un motif découpé et cousu à plat sur une étoffe de fond; celle-ci est ensuite découpée sous le motif au ras de la couture. (Voir ill. n° 144.)

474. indémaillable adj.
runproof;
run-resistant

Se dit du tricot d'un vêtement, particulièrement d'un bas, dont la contexture est telle que la rupture d'une maille est sans effet sur les mailles voisines.

J

475. jabot n. m.
jabot;
shirt-frill

Parure flottante de fine lingerie plissée ou froncée, amovible ou non qui, fixée à la base d'une encolure, retombe en s'étalant sur la poitrine.

Note. — Le jabot peut aussi se diviser en deux parties s'il est cousu aux bords de l'ouverture du vêtement.

476. jambe n. f.
leg 1

Chacune des deux parties d'un vêtement qui habille séparément les jambes. Ex. : jambes d'un pantalon.

477. jambière n. f.
shin-guard;
shin-pad;
legging

Pièce du vêtement ou de l'équipement, de forme et de matière variables, qui sert à protéger la jambe sans couvrir le pied.

478. jaquette 1 n. f.
morning coat;
cutaway coat

Longue veste de cérémonie, de couleur sombre (presque toujours ardoise), que les hommes portent le jour avec un pantalon rayé assorti.

Note. — La jaquette est souvent cintrée et comporte un col tailleur. Ses basques, un peu arrondies et largement ouvertes devant, à partir des environs de la taille, descendent derrière jusqu'au niveau des genoux, en s'effilant plus ou moins. (Voir ill. n° 59.)

479. jaquette 2 n. f.
jacket 2;
coat 1

Veste descendant jusqu'aux hanches souvent cintrée ou légèrement « appuyée » à la taille qui fait partie d'un ensemble pour dame. Ex. : jaquette d'un tailleur.

Note. — Le mot **veste** tend à supplanter le terme jaquette dans ce dernier sens.

480. jarretelle 1 n. f.
    Terme à éviter : jarretière
garter 2

Bande élastique très extensible fixée ou accrochée à la verticale au bas d'une gaine, d'un porte-jarretelles, d'un corset, et qui sert à retenir les bas.

Note. — La jarretelle peut être de longueur réglable et elle comporte à son extrémité inférieure un système d'attache. (Voir ill. n° 161.)

481. jarretelle 2
Syn. de **fixe-chaussette**

482. jarretière n. f.
garter 3

Ruban élastique circulaire destiné à maintenir les bas. (Voir ill. n° 162.)

483. jean n. m.;
    blue-jean n. m. (FR)
jeans

Pantalon de sport ou de ville fait de tissu rustique très résistant, ajusté aux hanches, et orné de surpiqûres, de poches-revolver plaquées, souvent renforcées aux angles par des rivets.

Note. — Le jean comporte à l'arrière un empiècement sous la ceinture; les jambes sont étroites au moins jusqu'aux genoux et dépourvues de plis. Les jeans sont généralement bleus, mais ils sont aussi confectionnés dans d'autres couleurs.

484. jersey n. m.
jersey

Pull moulant à manches longues ou courtes fait de laine très fine ou de soie maillées.

485. jodhpurs n. m. pl.
jodhpurs

Pantalon d'équitation bouffant au niveau des cuisses, dont les jambes, longues et étroites à partir des genoux, se portent par-dessus des bottillons (appelés aussi jodhpurs) et sont tendues par des sous-pieds.

486. jugulaire n. f.;
mentonnière n. f.
chin-strap

Attache passant sous le menton, destinée à assujettir une coiffure.

Note. — La jugulaire se fixe de chaque côté au niveau des oreilles, souvent au moyen de boutons-pression. Ex. : jugulaire d'un casque, jugulaire d'un bonnet de bain. (Voir ill. n° 265.)

487. jupe 1 n. f.
skirt 2

Vêtement féminin qui descend plus ou moins bas sur les jambes à partir de la ceinture.

Note. — Dans certains pays, la jupe est aussi portée par les hommes.

488. jupe 2 n. f.
skirt 3

Partie inférieure d'une robe, d'une combinaison-jupon, d'un fond de robe ou d'un manteau, qui va de la taille à l'ourlet inclusivement.

489. jupe-culotte n. f.
culotte-skirt;
divided skirt;
pantskirt

Culotte sport qui produit un effet de jupe par l'ampleur de ses jambes et par sa coupe étudiée de façon à dissimuler l'entrejambe.

Note. — Pluriel : **jupes-culottes**.

490. jupe droite n. f.
straight skirt;
sheath skirt

Jupe moulant les hanches grâce à des pinces ou à des fronces, tombant droit vers le bas, et resserrée à la taille par une ceinture apparente.

Note. — La jupe droite peut aussi comporter un pli d'aisance derrière.

491. jupe portefeuille n. f.
wrap skirt;
wraparound skirt

Jupe enveloppante, droite ou légèrement évasée, comportant un panneau qui se rabat et se boutonne à gauche ou à droite sur le devant ou plus rarement derrière. (Voir ill. n° 122.)

Note. — Pluriel : **jupes portefeuille**.

492. jupette 1
Syn. de **minijupe**

493. jupette 2 n. f.
little skirt

Petite jupe faisant partie du maillot de bain féminin.

494. jupette 3 n. f.
tennis skirt

Petite jupe de tennis, souvent plissée soleil.

495. jupon n. m.
half-slip

Sous-vêtement féminin consistant en une jupe de lingerie montée sur un élastique à la taille. (Voir ill. n° 145.)

K

496. képi n. m.
kepi;
peaked cap

Coiffure rigide dont la calotte est cylindrique et pourvue d'une visière.

Note. — Le képi fait partie de certains uniformes.

497. kilt n. m.
kilt

Jupe de style portefeuille, plissée à l'arrière et sur les côtés, faite de lainage généralement à carreaux.

Note. — Le kilt ressemble à la jupe faisant partie du costume national des Écossais. Des épingles décoratives, des boutons ou des tirants rattachent au côté gauche la partie plate du kilt qui se rabat devant, et dont le bord latéral est effilé.

498. kimono n. m.
kimono

Robe de chambre ou peignoir dépourvu de col et comportant un devant à large croisure de style cache-cœur, des manches à même très amples et une ceinture à nouer, de largeur variable.

Notes. — 1. Ce vêtement s'inspire de la longue tunique qui constitue l'élément fondamental du costume japonais.
2. Il faut éviter d'employer kimono pour n'importe quelle sorte de robe de chambre.

499. knickers
       Syn. de **knickerbockers**

500. knickerbockers n. m. pl.;
       knickers n. m. pl.;
       culotte golf n. f.;
       pantalon golf n. m.
knickerbockers

Pantalon de sport ou de ville dont les jambes bouffantes s'arrêtent au-dessous des genoux ou aux mollets. (Voir ill. n° 128.)

L

501. laçage n. m.
lacing

Fermeture souvent décorative d'une partie de vêtement ou d'une pièce de l'habillement, qui consiste en un lacet passé dans des œillets. Ex. : laçage d'un polo, d'une chaussure. (Voir ill. n° 198.)

502. lacet 1 n. m.
lace (de vêtement);
shoelace;
shoestring (de chaussure)

Cordon étroit, plat ou rond, fait de soie, de coton ou d'autre matière, habituellement terminé par des ferrets, qu'on croise en le passant dans des œillets ou des crochets pour fermer ou resserrer une chaussure ou une partie de vêtement. (Voir ill. n° 199.)

503. lacet 2 n. m.
drawstring 3

Cordelette coulissante servant à resserrer diverses pièces d'habillement. Ex. : capuche à lacet coulissant. (Voir ill. n° 36.)

504. lainage n. m.
woolen
V. o. *woolens*

Tout vêtement fait de laine tricotée.

505. lavallière n. f.
loosely tied bow;
bow tie 1

Cravate souple consistant en un large nœud à deux coques flottantes et dont les extrémités s'étalent sur la poitrine. (Voir ill. n° 276.)

Note. — On dit également cravate lavallière.

506. layette n. f.
baby-linen

Ensemble des vêtements et du linge nécessaires au nourrisson.

507. lé
       Syn. de **panneau**

508. léotard n. m.
leotard 1

Maillot d'acrobate ou de danseur échancré sur la poitrine.

509. lien 1 n. m.
tie 2

Cordon qui sert d'attache à un vêtement ou à une partie de vêtement.

510. lien 2 n. m.
tie belt

Bande d'étoffe longue et étroite, cordelette ou lanière de cuir que l'on noue autour de la taille en guise de ceinture. (Voir ill. n° 107.)

511. linge 1 n. m.
underwear 2;
underlinen;
linen 1

Ensemble des sous-vêtements et des pièces amovibles de l'habillement en tissu léger.

Note. — On dit aussi linge de corps en parlant des sous-vêtements.

512. linge 2 n. m.
linen 2

Ensemble des articles servant aux divers usages d'hygiène et de propreté.

513. lingerie n. f.
lingerie;
linen 3

Ensemble des dessous féminins, de tissus fins et lavables, brodés ou garnis de dentelles.

Note. — Le terme lingerie peut s'étendre aux pièces de l'habillement ayant les caractéristiques de la lingerie, telles que déshabillés, robes d'enfants, blouses, chemisiers, vêtements de nuit, etc.

514. liquette 1 n. f.
mini shirtdress;
mini-shirt

Mini-robe ou corsage qui se porte pardessus une jupe, un pantalon ou une tenue de plage.

Note. — La liquette la plus courante descend à mi-cuisses, est fendue sur les côtés à partir des hanches, comporte des manches longues, un col en pointes, un boutonnage sur toute la longueur du devant et des pans arrondis qui l'apparentent à la chemise d'homme. (Voir ill. n° 100.)

515. liquette 2 n. f.
St. Tropez shirt

Tee-shirt à manches courtes ou longues, fendu au niveau des hanches et comportant des pans arrondis qui descendent jusqu'à la partie supérieure des cuisses. (Voir ill. n° 104.)

516. liseuse n. f.
bed jacket

Petite veste ou courte cape d'intérieur s'arrêtant à la taille ou un peu au-dessous, que les femmes portent au lit, sur leur vêtement de nuit, principalement pour lire.

Note. — La liseuse peut être faite de matières diverses (fine lingerie, laine tricotée, etc.).

517. loin du corps loc. adj.
loose-fitting

Se dit de tout vêtement non ajusté qui, toutefois, n'est pas véritablement ample.

M

518. macfarlane n. f.
inverness cape;
macfarlane

Long manteau d'homme, recouvert d'une pèlerine descendant jusqu'à la taille.

Note. — Il n'a pas de manches mais simplement des ouvertures pour les bras et comporte des fentes obliques sur le devant, au niveau de la taille, pour passer les mains. (Voir ill. n° 19.)

519. mackinaw n. m. (CA)
mackinaw coat;
mackinaw

Veste-chemise de chasseur ou de bûcheron confectionnée dans un épais tissu laineux à grands carreaux, où le noir s'oppose à une couleur vive, souvent le rouge. (Voir ill. n° 113.)

Note. — Originaire des États-Unis, ce vêtement doit son nom à la ville de Mackinaw, au Michigan, où le gouvernement américain, autrefois, distribuait aux Indiens des couvertures appelées *mackinaw blankets*.

520. maille filée
Syn. d'**échelle**

521. maillot 1 n. m.
maillot;
leotard 2;
tights 1;
body suit 3;
body sweater

Vêtement en maille souple et moulant, avec ou sans manches, qui couvre le haut du corps, se termine par une patte d'entre-jambe et s'accompagne habituellement d'un collant.

Note. — On peut aussi porter le maillot avec une jupe ou un pantalon. En ce cas, il est souvent fait de tricot à côtes et pourvu d'un col roulé ainsi que de manches longues.

522. maillot 2 n. m.;
collant 1 n. m.
tights 2

Long caleçon collant pourvu ou non de pieds qui se porte pour les sports, la gymnastique, le ballet.

523. maillot 3 n. m.
vest 6

Petit tricot à manches courtes ou sans manches, à encolure ras du cou, moulant le torse. Ex. : maillot de cycliste.

524. maillot académique n. m.
leotard 3

Maillot d'une seule pièce qui recouvre tout le corps du cou jusqu'aux pieds.

Note. — Le maillot académique est généralement à manches longues. Il se porte surtout pour l'acrobatie et la danse.

525. maillot de bain n. m.;
costume de bain n. m.
bathing suit;
swimsuit

Vêtement pour le bain, fait de tissu extensible et moulant .

Note. — Le maillot de bain de femme peut être d'une seule pièce ou composé d'une culotte et d'un soutien-gorge. Celui de l'homme se réduit à un caleçon court et s'appelle particulièrement **caleçon de bain**, (ou **slip**) selon qu'il est plus ou moins abrégé.

526. maillot de corps
Syn. de **gilet de corps**

527. manche n. f.
sleeve

Partie du vêtement qui recouvre le bras et dont la forme ainsi que la longueur varient.

528. manche à gigot n. f.;
manche gigot n. f.
leg-of mutton sleeve

Manche ample, bouffante à sa partie supérieure, et très ajustée du coude au poignet. (Voir ill. n° 187.)

Note. — Pluriel : **manches à gigot; manches gigot.**

529. manche à même n. f.
unmounted sleeve

Manche faisant corps avec la partie supérieure d'un vêtement.

Note. — Manche à même s'oppose à manche montée. Ex. : La manche kimono est une manche à même. (Voir ill. n° 178.)

530. manche ballon n. f.
short puff sleeve;
short puffed sleeve

Manche très courte, d'une certaine ampleur, dont l'aspect gonflé est obtenu par des fronces à l'emmanchure et au bas.

Notes. — 1. La manche ballon est généralement bordée d'un étroit poignet qu'on nomme bracelet. (Voir ill. n° 190.)
2. Pluriel : **manches ballon.**

531. manche bouffante n. f.
puff sleeve;
puffed sleeve;
bishop sleeve;
bag-sleeve (longue)

Manche ample et gonflante, de longueur variable, froncée au poignet et souvent aussi à l'emmanchure.

Note. — Le poignet de la manche bouffante peut être un simple ourlet dissimulant une bande élastique. (Voir ill. n° 186.)

532. manche chauve-souris n. f.
dolman sleeve;
batwing sleeve

Manche à large emmanchure descendant presque jusqu'à la taille.

Note. — La manche chauve-souris se rétrécit graduellement jusqu'au poignet. Elle peut être montée ou à même. (Voir ill. n° 185.)

533. manche chemisier n. f.
shirt sleeve

Manche d'une seule pièce, assez ample, légèrement froncée dans le bas et se terminant par un poignet mousquetaire.

Notes. — 1. Comme la manche de la chemise, la manche chemisier est souvent munie d'une fente à patte capucin. (Voir ill. n° 102.)
2. Pluriel : **manches chemisier.**

534. manche collante n. f.
fitted sleeve;
tight sleeve

Manche d'une seule pièce, qui gaine étroitement le bras et est coudée par des pinces ou des fronces à la saignée.

535. manche gigot
Syn. de **manche à gigot**

536. manche kimono n. f.
kimono sleeve

Manche très ample inspirée de celle du kimono japonais.

Notes. — 1. La manche kimono n'est pas rapportée et ne comporte donc pas de couture d'emmanchure. (Voir. ill. n° 184.)
2. Pluriel : **manches kimono.**

537. manche marteau n. f.
epaulet sleeve;
saddle shoulder

Manche dont la tête se prolonge en forme de patte d'épaule et rejoint l'encolure.

Notes. — 1. On retrouve la manche marteau surtout dans les pulls. (Voir ill. n° 188.)
2. Pluriel : **manches marteau.**

538. manche montée n. f.
set-in sleeve

Manche coupée séparément du vêtement et cousue à l'emmanchure.

Note. — Manche montée s'oppose à manche à même. (Voir ill. n° 193.)

539. manche pagode n. f.
pagoda sleeve

Manche qui s'évase graduellement du coude au poignet.

Notes. — 1. La partie évasée de la manche pagode peut être formée d'un volant. (Voir ill. n° 192.)
2. Pluriel : **manches pagode.**

540. manche raglan n. f.
raglan sleeve

Manche droite, qui emboîte entièrement l'épaule et se prolonge devant et derrière sur le vêtement auquel elle est fixée par une couture oblique qui va du creux de l'emmanchure jusqu'à l'encolure, plus ou moins près de la ligne d'épaule. (Voir ill. n° 14.)

Notes. — 1. C'est la manche caractéristique du raglan.
2. L'emmanchure sur laquelle on monte la manche raglan est en somme une **emmanchure américaine** (voir ce terme).
3. Pluriel : **manches raglan**.

541. mancheron n. m.
cap sleeve;
tiny sleeve

Petite manche très courte qui moule la rondeur de l'épaule et tombe droit ou s'évase sur le haut du bras. (Voir ill. n° 189.)

542. manche tailleur n. f.
tailored sleeve

Manche longue composée de deux morceaux coupés de manière à épouser la forme arquée du bras.

Note. — Pluriel : **manches tailleur**.

543. manche trois-quarts n. f.
three-quarter sleeve

Manche qui couvre partiellement l'avant-bras.

544. manchette 1
Syn. de **poignet mousquetaire**

545. manchette 2 n. f.
cuff 1

Faux poignet amidonné qui s'adapte à l'extrémité d'une manche de chemise et qui dépasse légèrement de la manche de l'habit, seul vêtement avec lequel ce genre de manchette se porte de nos jours.

546. manchette 3 n. f.;
fausse manche n. f.;
manche n. f.
oversleeve

Demi-manche amovible destinée à protéger le bas d'une manche. Ex. : manchette de lustrine.

547. manchette 4 n. f.
ruffled cuff

Ornement fixé par des fronces au bas d'une manche, et qui est fait de dentelle, de mousseline ou d'une autre matière légère ou vaporeuse.

548. manchette 5 n. f.
cuff 2

Large bande ajoutée au gant au niveau du poignet.

Note. — Plus ou moins évasée, la manchette est de matière variable et comporte souvent des ornements, des broderies, etc.

549. manchette mousquetaire n. f.
musketeer cuff

Manchette de gant, large et montante, assez rigide ou matelassée pour protéger le poignet, et comportant ou non une fermeture. Ex. : gants de sport (de moto, de ski, etc.) à manchettes mousquetaires.

Notes. — 1. Ne pas confondre manchette mousquetaire et poignet mousquetaire (voir ce terme).
2. Pluriel : **manchettes mousquetaire**.

550. mante n. f.
cloak 2;
mantle 2

Manteau ample et enveloppant, sans manches ni emmanchures, avec fermeture au cou, qui est porté par les femmes.

551. manteau n. m.
coat 2;
cloak 3;
wrap

Vêtement d'extérieur généralement pourvu de manches et qui descend au moins jusqu'aux cuisses.

Note. — Le manteau se ferme devant de différentes manières lorsqu'il est destiné à protéger contre le froid ou le mauvais temps; il peut être dépourvu de fermeture, quand il sert surtout à compléter une toilette.

552. manteau de pluie n. m.
raincoat 2

Manteau qui protège contre la pluie et qui est plus habillé que l'imperméable.

553. mantelet n. m.
mantlet
V. o. *mantelet*

Petite cape dont les femmes se couvrent les épaules et les bras.

554. mantille n. f.
mantilla

Grand fichu de dentelle, de tulle brodé ou de soie, généralement noir, dont les femmes se couvrent la tête et les épaules.

Note. — Cette coiffure, portée dans des circonstances particulières, est inspirée de celle que portent les Espagnoles.

555. marinière n. f.
middy blouse;
sailor blouse

Blouse unisexe, plus ou moins loin du corps, qui s'enfile par la tête et dont l'encolure est échancrée en V devant.

Note. — La marinière comporte souvent un col marin et tombe droit sur la jupe ou le pantalon, un peu plus bas que la taille.

556. marmotte n. f.
kerchief 4

Fichu formé d'un triange ou d'un carré plié en triangle que les femmes portent en guise de coiffure.

Note. — La marmotte enveloppe la tête et ses pointes se nouent au-dessus du front. (Voir ill. n° 248.)

557. martingale 1 n. f.
back belt 1;
half belt 1;
martingale 1

Longue patte ornant le dos d'un vêtement dont les extrémités sont fixées par des boutons ou prises dans les coutures latérales du vêtement.

Note. — Généralement de même matière que le vêtement, la martingale est destinée à en marquer la taille ou en retenir l'ampleur. (Voir ill. n° 205.)

558. martingale 2 n. f.
back belt 2;
half belt 2;
martingale 2

Demi-ceinture formée d'un ensemble de deux pattes retenues dans les coutures latérales du vêtement et se boutonnant l'une sur l'autre au milieu du dos, ou s'ajustant au moyen d'une boucle. (Voir ill. n° 202.)

559. melon
Syn. de **chapeau melon**

560. mentonnière n. f.
Syn. de **jugulaire**

561. mesure n. f.
measurement

Chacune des dimensions d'un vêtement, d'une partie du corps.

562. mi-bas n. m. invar.
golf hose;
knee-high stocking

Chaussette sport s'arrêtant au-dessous du genou et qui est retenue dans le haut par un bord-côte élastique. (Voir ill. n° 225.)

Note. — On dit aussi, mais moins souvent, demi-bas.

563. mi-chaussette n. f.
sock 2

Chaussette courte, légèrement plus longue que la socquette, mais ne montant pas plus haut que le mi-mollet. (Voir ill. n° 227.)

Note. — Il est à noter que, très souvent, la distinction entre la mi-chaussette et la socquette est difficilement perceptible.

564. mini- préfixe
mini-

Préfixe qui se joint au nom d'un vêtement pour indiquer qu'il est très court. Ex. : minijupe, minirobe, minishort.

565. minijupe n. f.;
jupette 1 n. f.
miniskirt

Petite jupe qui s'arrête au haut des cuisses.

566. mise n. f.;
tenue 1 n. f.
attire;
garb 1;
dress 4

Manière dont on est habillé. Ex. : Avoir une mise élégante. Avoir une tenue négligée.

567. mitaine 1 n. f.
mitt;
mitten 1

Gant de femme qui laisse à nu les deux dernières phalanges des doigts.

Note. — Généralement longue ou mi-longue, très ajustée au bras, la mitaine est souvent exécutée dans une matière somptueuse (soie, dentelle, fine peausserie) pour être portée avec la tenue de soirée. Comme elle laisse les doigts libres, on ne la retire

pas dans les circonstances habillées. Il existe aussi des mitaines pour le sport (voile, cyclisme, etc.) ou la conduite. (Voir ill. n° 233.)

568. mitaine 2 n. f. (QC);
moufle n. f. (FR)
mitten 2

Gros gant qui recouvre entièrement la main, enveloppant les quatre doigts ensemble et le pouce séparément, de manière à offrir une plus grande protection que le gant contre le froid, tout en permettant à la main de saisir les objets.

Note. — On porte les mitaines surtout pour le sport et pour certains travaux pénibles. Suivant leur usage, on les confectionne en laine, en cuir ou en fourrure. (Voir ill. n° 235.)

569. modestie n. f.
modesty;
dickey 1
V. o. *dicky 1*

Pièce d'étoffe plus ou moins légère amovible ou non, insérée dans l'échancrure d'un corsage pour orner ou voiler un décolleté accentué. (Voir ill. n° 244.)

570. mouchoir n. m.
kerchief 5 (de tête);
neckerchief (de cou)

Carré d'étoffe de fantaisie servant à couvrir la tête ou le cou.

571. moufle
Syn. de **mitaine 2**

N

572. négligé n. m.
negligee 2;
morning wrap;
wrapper 1

Léger vêtement féminin d'intérieur qui peut s'apparenter au déshabillé, tout en étant moins luxueux que ce dernier et en ne faisant généralement pas partie d'un ensemble de nuit.

Note. — Il se porte surtout le matin.

573. nervure n. f.
pin-tuck;
tuck

Pli très fin et dressé, exécuté à la main ou à la machine.

Note. — Souvent groupée avec d'autres, la nervure forme un relief décoratif en ligne droite ou courbe.

574. nid d'ange n. m.
bunting bag

Vêtement de nourrisson, qui forme sac et comporte ou non des manches. (Voir ill. n° 171.)

Note. — Pluriel : **nids d'ange**.

575. nids d'abeilles n. m. pl.
honeycomb stitch smocking

Motif décoratif formé d'une série de petites fronces réunies deux par deux, à intervalles réguliers, en alternant d'un rang de fronces à l'autre, de façon à former de petits alvéoles en forme de losange.

Note. — Les nids d'abeilles s'apparentent aux smocks par leur aspect et leur emploi.

576. nœud papillon n. m.
bow-tie 2

Cravate qui consiste essentiellement en un nœud, permanent ou non, dont la forme s'apparente à celle d'un papillon. (Voir ill. n°s 55 et 63.)

Note. - Pluriel : **nœuds papillon**.

577. nuage n. m. (QC)
cloud;
muffler 2

Long cache-nez léger, de laine tricotée, que les jeunes enfants portent l'hiver, par-dessus leur coiffure.

Note. — Le nuage est enroulé autour du cou et de la tête de façon à ne laisser que les yeux découverts, et se noue par derrière.

578. nuisette n. f.
baby doll;
dorm set

Ensemble de nuit pour femmes qui comprend une chemise s'arrêtant au haut des cuisses assortie d'une petite culotte.

Note. — Le mot nuisette est un équivalent approximatif de *baby doll.*

O

579. œillet n. m.
eyelet

Petit trou pratiqué dans un vêtement, une chaussure, etc., consolidé par un point de boutonnière ou par un cercle de métal rivé (appelé aussi œillet), et dans lequel on passe un lacet, un cordon ou parfois une queue de bouton.

580. oreillette
Syn. d'**oreillon**

581. oreillon n. m.;
oreillette n. f.;
patte cache-oreille
ear-flap

Chacune des pattes latérales d'un chapeau destinées à recouvrir et protéger les oreilles. Ex. : oreillons en cuir d'un casque de motocycliste.

Notes. — 1. Il peut également s'agir d'un casque, d'une toque ou d'une casquette.
2. Pluriel : **pattes cache-oreille**.

582. paille
Syn. de **chapeau de paille**

583. paletot n. m.
overcoat 1;
topcoat 2

Manteau loin ou près du corps, fait d'étoffe de bonne tenue, de fourrure ou de cuir, moins long que le pardessus, comportant un boutonnage au milieu du devant et des poches extérieures.

Note. — Dans sa version féminine, le style du paletot varie davantage, selon la mode. Il est plus court que le vêtement qu'il recouvre (sauf quand il s'agit d'une minijupe), et peut former avec lui un ensemble. (Voir ill. nos 1 et 4.)

584. paletot d'auto n. m.
car coat

Paletot trois-quarts ou sept-huitièmes, de style simple et plutôt sport, dont la forme dépend de la mode du moment. À la fois chaud et léger, souvent imperméabilisé, il est conçu pour assurer le confort de l'automobiliste.

585. pampille n. f.
tassel

Petite pièce ornementale frangée ayant la forme d'un gland, fixée sur un vêtement ou à chaque bout d'un lacet, d'un cordon.

586. pan n. m.
tail 2;
shirt-tail (de chemise);
floating panel (de jupe)

Prolongement d'un vêtement ou pièce tombante qu'on laisse flotter librement.

Note. — Les pans de certains hauts peuvent se glisser à l'intérieur du pantalon ou de la jupe. Ex. : pan d'une chemise, d'une liquette (voir ill. n° 103); jupe longue découpée en pans flottants.

587. panama n. m.
panama hat

Chapeau d'été de couleur ivoire, qui se caractérise par sa souplesse et sa légèreté.

Note. — La calotte du panama est fendue (c'est-à-dire comporte un renfoncement longitudinal) et ceinturée d'un gros-grain noir. Son bord est de largeur uniforme et se porte généralement relevé à l'arrière. Le panama est fabriqué avec la feuille d'un latanier d'Amérique. C'est une coiffure portée surtout par les hommes.

588. panneau 1 n. m.;
lé n. m.
panel 1;
gore 2

Partie d'un vêtement comprise entre deux découpes verticales. Ex. : jupe à quatre panneaux.

Note. — Employer laize au lieu de lé est impropre.

589. panneau 2 n. m.
drop seat

Partie arrière boutonnée d'une combinaison de nuit, qui se rabat pour permettre de langer facilement l'enfant.

590. pantacourt n. m.
gauchos

Pantalon large, droit ou évasé, qui s'arrête au mollet.

Note. — Le pantacourt peut être porté par les deux sexes. (Voir ill. n° 124.)

591. pantailleur n. m.;
tailleur-pantalon n. m.
pantsuit 2

Tailleur dans lequel la jupe est remplacée par un pantalon.

Note. — Pluriel : **tailleurs-pantalons**.

592. pantalon n. m.
trousers;
pants 2;
slacks

Vêtement de dessus qui couvre le corps à partir de la taille ou des hanches jusqu'aux pieds, en habillant les deux jambes séparément. (Voir ill. n° 50.)

Note. — Le pantalon était autrefois réservé aux hommes mais est porté aujourd'hui aussi bien par les femmes.

593. pantalon à pattes d'éléphant n. m.;
pantalon pattes d'éléphant n. m.
bell bottoms

Pantalon dont le haut est moulant et qui s'évase du genou à la cheville.

594. pantalon corsaire n. m.
pedal-pushers

Pantalon collant qui s'arrête à mi-mollet.

Notes. — 1. Le pantalon corsaire est fendu à partir du genou, sur le côté extérieur de la jambe où il peut se fermer de diverses façons, notamment par un laçage. (Voir ill. n° 127.) Les femmes le portent l'été pour le sport.
2. Pluriel : **pantalons corsaire**.

595. pantalon fuseau n. m.;
fuseau n. m.
tapering trousers;
slims;
ski pants 1

Pantalon extensible, dont les jambes vont se rétrécissant jusqu'à la cheville pour se terminer par un sous-pied. Ex. : un pantalon fuseau ou un fuseau de ski. (Voir ill. n° 43.)

Note. — Pluriel : **pantalons fuseaux**.

596. pantalon golf
Syn. de **knickerbockers**

597. pantalon-jupe n. m.
palazzo-pants

Pantalon qui moule les hanches et auquel l'ampleur des jambes donne l'apparence d'une jupe longue. (Voir ill. n° 126.)

598. pantalon pattes d'éléphant
Syn. de **pantalon à pattes d'éléphant**

599. pantaski n. m.
ski pants 2

Pantalon de ski de coupe droite ou évasée, muni à l'intérieur de chevilles pareneige (angl. : *snow-cuff*).

600. pardessus n. m.
overcoat 2;
topcoat 3

Manteau d'homme, en tissu épais, en fourrure ou en cuir, qui descend généralement au-dessous du genou. Ex. : pardessus d'hiver, de demi-saison. (Voir ill. n° 6.)

Note. — Par analogie, le terme pardessus désigne parfois un chaud manteau de femme assez long, de style masculin.

601. parement 1 n. m.;
revers n. m.
cuff 3

Revers de manche, orné ou non, que l'on trouve surtout sur les jaquettes de femmes, les robes et les manteaux. (Voir ill. n° 139.)

602. parement 2 n. m.
facing 1

Pièce de soie, de taffetas, de fourrure ou d'autre matière riche qui recouvre et orne les revers des devants de certains vêtements. Ex. : parements de soie d'un habit; parements de fourrure d'un tailleur. (Voir ill. n° 56.)

Note. — Contrairement au **poignet mousquetaire** (voir ce terme), le parement rapporté se replie sur la manche et non sur lui-même.

603. paramenture n. f.
V. o. **parmenture**
facing 2

Pièce intérieure d'un vêtement en bordure de l'encolure, des entournures d'un vêtement sans manches, des devants ou des poches, destinée à les finir, les renforcer ou les orner.

Note. — La paramenture peut être rapportée ou à même : Dans ce dernier cas, elle est constituée d'un simple repli du vêtement sur lui-même. Lorsqu'elle est rapportée, la paramenture des devants est souvent de matière différente ou de couleur contrastante et peut se replier vers l'extérieur pour former revers.

604. paréo n. m.
pareo;
sarong 1;
pareu

Robe ou jupe de plage, de longueur variable, constituée d'une pièce de cotonnade imprimée qui se drape au-dessous du buste, à la taille, etc., de différentes façons. (Voir ill. n° 123.)

Notes. — 1. Ce vêtement sommaire est inspiré du paréo tahitien.
2. Pluriel : **paréos**.

605. parka n. m. ou f.
parka 2

Paletot de sport, de ligne droite, fait de matière imperméable et pouvant être fourré.

Note. — Le parka est généralement surmonté d'un capuchon bordé ou non de fourrure et comporte de grandes poches ainsi qu'une fermeture à glissière souvent dissimulée sous une patte à boutons-pression. (Voir ill. n° 34.)

606. parmenture
V. o. de **paramenture**

607. passant 1 n. m.
Terme à éviter : ganse
keeper 2

Anneau plat de cuir, de métal ou d'étoffe placé autour d'une ceinture pour en maintenir l'extrémité qui dépasse la boucle. (Voir ill. n° 213.)

608. passant 2 n. m.
belt loop;
carrier

Chacune des brides d'étoffe ou de cordonnet que l'on fixe verticalement sur un vêtement et dans lesquelles on glisse la ceinture pour la maintenir en place. Ex. : passant tunnel. (Voir ill. n° 12.)

609. passe n. f.
brim

Bord d'un chapeau féminin dont la forme et les dimensions sont extrêmement variables.

610. passe-bras n. m.
arm slit

Chacune des fentes latérales pratiquées dans une cape, ou un autre vêtement du même genre, par où l'on passe les bras pour leur permettre une certaine liberté de mouvement. (Voir ill. n° 26.)

611. passe-montagne n. m.
balaclava helmet

Bonnet de tricot, ou d'autre matière souple et chaude, qui enveloppe complètement la tête ainsi que le cou et comporte une ouverture pour le visage.

Notes. — 1. Souvent transformable, le passe-montagne est pourvu en ce cas d'une petite visière au-dessus de laquelle on peut le remonter en le repliant autour de la tête. Cette coiffure se porte surtout pour le sport. (Voir ill. n°s 255 et 256.)
2. Pluriel : **passe-montagnes**.

612. passepoil n. m.
piping;
edging

Bande d'étoffe extrêmement étroite prise dans une couture et formant dépassant entre deux épaisseurs de tissu.

Notes. — 1. Le passepoil sert à garnir ou à renforcer, et on le trouve particulièrement en bordure de la fente d'une poche ou d'une boutonnière.
2. Éviter d'employer boutonnière française pour boutonnière passepoilée.

613. patte n. f.
tab;
strap 2;
placket (d'une fente);
welt 3 (d'une poche);
crotch piece (d'entrejambe)

Étroite bande d'étoffe ou de toute autre matière, utilisée pour garnir, boutonner, resserrer, joindre des parties de vêtements, border une fente ou pour dissimuler un système de fermeture. Ex. : poche à patte raglan; patte d'épaule; patte polo; patte de serrage d'une manche, patte d'entrejambe détachable d'un corsage-culotte (voir ill. n° 91), patte capucin, fermeture sous patte (angl. : *fly front closing*).

614. patte cache-oreille
Syn. d'**oreillon**

615. patte capucin n. f.
pointed tab end

Patte terminée par un capucin à l'une de ses extrémités. Ex. : patte capucin d'une manche chemisier. (Voir ill. n° 195.)

Note. — Pluriel : **pattes capucin**.

616. patte de boutonnage 1 n. f.
tab closing

Patte servant à boutonner un vêtement ou une partie de vêtement.

617. patte de boutonnage 2 n. f.
buttoned placket 1

Étroite bande de tissu qui borde l'ouverture d'un vêtement, et dans laquelle sont coupées les boutonnières. (Voir ill. n° 37.)

618. patte d'épaule n. f.
epaulet 2;
epaulette 2;
shoulder tab

Patte posée sur la partie du vêtement qui couvre l'épaule.

Note. — L'extrémité libre est boutonnée soit près du col (ou en son absence près de l'encolure), soit près de l'emmanchure. Ex. : patte d'épaule d'une chemise. (Voir ill. n° 9.)

619. patte de serrage n. f.;
patte de réglage n. f.
leg tab;
adjustable sleeve tab;
sleeve tightener

Patte qui a pour fonction de réduire l'ampleur d'une manche ou d'ajuster un pantalon à la jambe.

Notes. — 1. La patte de serrage est posée horizontalement au bas de la manche, ou du pantalon qu'elle borde parfois, et s'adapte au moyen d'un système de boutons et de boutonnières, ou par une boucle fixée à une autre patte. Ex. : pattes de serrage des manches d'un trench-coat; pattes de réglage des jambes d'une combinaison de travail ou d'un knickerbocker. (Voir ill. n° 11.)
2. Comparer avec tirant de réglage.

620. patte polo n. f.
buttoned placket 2

Courte patte de boutonnage placée en bordure de la fente de l'encolure sur le devant du polo, et qui tire son nom de ce vêtement. (Voir ill. n° 98.)

621. patte sous-pied n. f.;
sous-pied n. m.
V. o. **soupied**
trouser strap;
footstrap (de pantalon);
under-strap (de guêtre)

Patte, le plus souvent élastique, qui passe sous le pied pour maintenir tendu un pantalon de sport, assujettir une guêtre, etc.
Ex. : sous-pied d'un fuseau de ski.
Note. — Pluriel : **sous-pied**.

622. paume
Syn. d'**empaumure**

623. peignoir 1 n. m.
peignoir 1;
bathrobe 1

Sortie de bain plutôt longue, croisée et ceinturée comme un kimono, et qui comporte une ou plusieurs poches plaquées.

624. peignoir 2 n. m.
duster 2;
peignoir 2;
morning wrapper

Robe de chambre légère, que les femmes portent en négligé à la maison.

Note. — Le peignoir peut être de forme vague, simple ou orné, de longueur moyenne et se boutonner devant. Il peut aussi adopter le style du peignoir de bain classique. (Voir ill. n° 133.)

625. pèlerine 1
Syn. de **cape**

626. pèlerine 2 n. f.
cape 4 (pour homme et femme);
pelerine (pour femme)

Collet retombant sur les épaules et la poitrine, porté par les femmes, ou par les deux sexes quand il orne un manteau ou une cape. (Voir ill. n° 22.)

627. pèlerine 3 n. f.
hooded cape

Ample vêtement d'extérieur plus long que le précédent, à capuchon, sans manches ni emmanchures, en matière imperméable, dont on se sert surtout pour se protéger de la pluie.

628. pelisse n. f.
pelisse;
fur-lined coat

Manteau garni ou, plus spécialement, doublé de fourrure.

629. piécette n. f.;
carabin n. m.
gusset 2

Chacune des petites pièces de peausserie cousues à la rencontre des fourchettes et à la base du pouce d'un gant.

Note. — Les piécettes font office de soufflets.

630. pied n. m.
foot

Partie d'un bas, d'un pyjama, d'une combinaison ou d'une culotte qui recouvre le pied. (Voir ill. n° 170.) Ex. : un pyjama à pieds.

631. pied de col 1 n. m.
bottom of collar

Partie intermédiaire entre l'encolure et le tombant, rapportée ou non, qui donne de la tenue au col et le fait remonter plus ou moins le long du cou. (Voir ill. n° 101.)

632. pied de col 2 n. m.
collar stand

Étroite bande de tissu cousue à l'encolure d'une chemise.

Notes. — 1. Le pied de col est pourvu de boutonnières et sert à maintenir le faux-col.
2. Pluriel : **pieds de col**.

633. plastron 1 n. m.
shirt-front;
dickey 2;
V. o. *dicky 2*
bosom 1

Devant de chemise de gala, fixe ou amovible, souvent amidonné ou qui peut être orné de volants et de plis.

634. plastron 2 n. m.
dickey 3
V. o. *dicky 3*

Pièce de l'habillement féminin destinée à tenir lieu de corsage ou de chemisier sous la veste tailleur ou sous un vêtement décolleté.

Note. — Ce plastron s'apparente à celui de la chemise de gala.

635. plastron 3 n. m.
bib 3;
bosom 2

Pièce décorative en forme de bavoir cousue sur le devant d'un corsage.

636. plastron 4 n. m.
dickey 4
V. o. *dicky 4*

Pièce de tricot à col roulé couvrant la poitrine et le dos entre les deux entournures du vêtement sous lequel il est porté.

637. plastron 5 n. m.
panel 2

Renfort abdominal intercalé au centre d'une gaine ou autre vêtement du même genre, pour effacer le ventre. (Voir ill. n° 150.)

638. pli 1 n. m.
pleat 1

Chacune des ondulations produites par la tombée d'une étoffe souple. Ex. : les plis d'une robe drapée.

639. pli 2 n. m.
pleat 2

Double formé dans le tissu d'un vêtement en le repliant sur lui-même.

Note. — Le pli peut être piqué partiellement ou entièrement, ou retenu à l'une de ses extrémités (et parfois aux deux) dans une couture transversale. Ex. : plis d'une jupe; plis d'une ceinture de smoking; pli d'une poche soufflet de saharienne.

640. pli 3 n. m.
crease 2

Marque formée sur un pantalon à l'endroit de la pliure faite par le repassage.

641. pli 4
Syn. de **faux pli**

642. pli couché
Syn. de **pli plat**

643. pli creux n. m.
box pleat 1;
inverted pleat 1

Pli formé par la rencontre bord à bord et sur l'endroit du vêtement de deux pliures qui forment entre elles un creux. (Voir ill. n° 218.)

644. pli d'aisance n. m.
Terme à éviter : pli de marche
walking pleat;
kick pleat

Pli creux ou plat que l'on exécute dans le bas de la partie arrière d'une jupe étroite pour faciliter la marche.

645. pli plat n. m.;
pli couché n. m.
knife pleat

Pli formé par une simple pliure verticale orientée dans un sens ou dans l'autre.

Note. — Quand il fait partie d'une série, le pli plat est couché vers la gauche en harmonie avec le sens du boutonnage des vêtements de dame. (Voir ill. n° 221.)

646. pli religieuse n. m.
horizontal tuck;
blind tuck

Pli effectué à l'horizontale et qui se superpose à d'autres, de sorte que la piqûre de chaque pli se trouve généralement cachée par le pli qui précède.

Note. — Pluriel : **plis religieuse**.

647. pli rond n. m.
box pleat 2;
inverted pleat 2

Pli formé par deux plis couchés en sens contraire. (Voir ill. n° 219.)

Note. — Ne pas confondre avec le pli plat ni avec le pli non repassé.

648. plissé n. m.
pleating

Ensemble ou disposition des plis d'un vêtement.

649. plissé, e adj.
pleated

Se dit d'un vêtement qui comporte un arrangement de plis. Ex. : une jupe plissée accordéon.

Note. — On peut aussi employer l'expression à plis pour désigner un vêtement plissé.

650. plissé accordéon n. m.
accordion pleats

Série de plis debout, étroits et de largeur uniforme, exécutés dans le droit fil du tissu. (Voir ill. n° 222.)

651. plissé éventail
Syn. de **plissé soleil**

652. plissé soleil n. m.;
plissé éventail n. m.
sunray pleats;
sunburst pleats;
fan pleats

Série de plis couchés ou dressés, exécutés dans une jupe de coupe circulaire; très fins dans le haut, ils vont s'élargissant légèrement vers le bas. Ex. : jupe à plissé soleil ou plissée soleil. (Voir ill. n° 220.)

Note. — Pluriel : **plissés soleil**; **plissés éventail**.

653. poche 1 n. f.
pocket

Partie de vêtement formant contenant, constituée d'une pièce appliquée sur l'extérieur du vêtement, ou encore d'un sac d'étoffe souple ordinairement non apparent, auquel on a accès par l'extérieur ou l'intérieur du vêtement.

Notes. — 1. La poche peut se fermer par un rabat, un patte boutonnée, une glissière, etc.
2. La poche appliquée contient quelquefois un sac de poche.

654. poche 2 n. f.
bag;
pucker 2

Déformation due à l'usure d'un vêtement ou ampleur disgracieuse de certaines parties d'un vêtement, due à un défaut de coupe. Ex. : Ce pantalon fait des poches aux genoux.

655. poche à fente n. f.;
poche fente n. f.

Poche dont le sac s'ouvre le long d'une fente qui est pratiquée dans le vêtement ou qui est formée par l'interruption d'une couture ou d'une découpe.

Note. — Pluriel : **poches à fente**; **poches fente**.

656. poche à patte
Syn. de **poche gilet**

657. poche à patte raglan n. f.;
poche raglan
broad welt side pocket

Poche latérale coupée en biais dont le bord extérieur de l'ouverture est garni d'une large patte.

Notes. — 1. La poche à patte raglan tire son nom du fait qu'on la trouve sur le raglan (voir ce terme) au niveau de la hanche. (Voir ill. n° 16.)
2. Pluriel : **poches à patte raglan; poches raglan**.

658. poche à pli
Syn. de **poche soufflet**

659. poche appliquée n. f.;
poche plaquée n. f.
patch pocket

Poche plate ou à soufflets, de forme et de dimensions variables, constituée d'une pièce d'étoffe fixée sur la face apparente du vêtement.

Note. — La poche appliquée peut se fermer par un rabat, une patte boutonnée, ou comporter un revers. (Voir ill. n° 3.) Dans certains cas, la poche appliquée peut comporter un sac de poche.

660. poche à rabat
Voir **rabat 1** et ill. n° 33 ainsi que **poche tiroir**.

661. poche à soufflets n. f.;
poche soufflet;
poche à pli
pleated pocket;
bellows pocket

Poche appliquée dont la partie inférieure ainsi que les côtés sont souples et pliants de façon à former des soufflets qui donnent de l'expansion à la poche. Ex. : poche soufflet d'une veste de chasseur. (Voir ill. n° 216.)

Notes. — 1. L'effet de soufflet peut être obtenu grâce à un pli rond ou un pli creux au centre de la poche. (Voir ill. n° 112.)
2. Pluriel : **poches à pli; poches à soufflets; poches soufflet**.

662. poche cavalière n. f.
front top pocket;
scoop pocket;
western pocket

Poche avant du pantalon, coupée ou formant découpe (voir poche prise dans une découpe), et qui est le plus souvent oblique ou incurvée. (Voir ill. n° 129.)

663. poche côté
Syn. de **poche de côté**

664. poche coupée n. f.
slash pocket

Poche dont l'ouverture est une fente pratiquée dans le vêtement et dont le sac de poche est placé sur le côté non apparent de l'étoffe.

Note. — La poche coupée peut être horizontale, oblique, verticale ou en forme de croissant. Ex. : La poche passepoilée, la poche gilet, la poche tiroir, sont des variétés de poches coupées.

665. poche décollée n. f.

Poche appliquée ou prise dans une découpe et qui est conçue de façon à bâiller.

666. poche de côté n. f.;
poche côté n. f.
side pocket

Poche latérale du pantalon, au niveau des hanches, qui peut être prise dans la couture de côté (angl. : *outseam*), ou coupée à proximité de celle-ci parallèlement ou légèrement en biais.

Notes. — 1. La poche de côté peut aussi être la poche latérale d'un veston.
2. Pluriel : **poches de côté; poches côté**.

667. poche de poitrine extérieure n. f.;
poche de poitrine n. f.;
poche poitrine
outside breast pocket

Poche de type variable placée au niveau de la poitrine, sur un côté ou au centre du vêtement, et dont l'ouverture est à l'extérieur de ce dernier. (Voir ill. n° 99.)

Notes. — 1. La poche poitrine centrale se rencontre surtout sur les vêtements de travail, sur les anoraks conformes au modèle initial.
2. Pluriel : **poches poitrine.**

668. poche de poitrine intérieure n. f.;
poche-portefeuille n. f.
inside breast pocket

Poche passepoilée dont l'ouverture se trouve dans la doublure d'une veste ou d'un manteau, à la hauteur de la poitrine.

Notes. — 1. Cette poche peut servir à mettre le portefeuille.
2. Pluriel : **poches-portefeuille.**

669. poche fente
Syn. de **poche à fente**

670. poche fessière
Syn. de **poche-revolver**

671. poche gilet n. f.;
poche à patte n. f.
welt pocket 1

Poche coupée, horizontale ou oblique, dont la partie libre de l'ouverture est bordée d'une patte formant dépassant.

Notes. — 1. Comme son nom l'indique, ce type de poche se retrouve particulièrement sur les gilets. (Voir ill. n° 48.)
2. Pluriel : **poches gilet; poches à patte.**

672. poche gousset 1 n. f.;
poche montre 1 n. f.
watch pocket 2;
fob pocket

Petite poche coupée le long de la ceinture du pantalon, entre la braguette et la couture du côté droit.

673. poche gousset 2 n. f.;
poche montre 2 n. f.
watch pocket 2

Petite poche coupée horizontale ou légèrement en biais placée sur le gilet au niveau de la taille.

Notes. — 1. On dit aussi, en abrégé, gousset.
2. Pluriel : **poches gousset; poches montre.**

674. poche kangourou n. f.
kangaroo pocket

Poche appliquée au centre d'un vêtement, au niveau de l'abdomen ou un peu plus haut. (Voir ill. n° 83.)

Note. — Pluriel : **poches kangourou.**

675. poche manchon n. f.
hand-warmer pouch
V. o. *hand warmer pouch*

Poche plaquée, ouverte verticalement sur ses deux côtés (ou sur un seul) servant à protéger les mains du froid.

Notes. — 1. La poche manchon est appliquée sur le devant d'un vêtement, au centre ou en bordure du boutonnage, à différents niveaux. (Voir ill. n° 214.)
2. Ne pas confondre la poche manchon avec la **poche repose-bras** (voir ce terme).
3. Pluriel : **poches manchon.**

676. poche-montre 1
Syn. de **poche gousset 1**

677. poche passepoilée n. f.
welt pocket 2

Poche coupée dont l'ouverture est bordée d'un ou deux passepoils. (Voir ill. n° 217.)

678. poche plaquée
Syn. de **poche appliquée**

679. poche-portefeuille
Syn. de **poche de poitrine intérieure**

680. **poche prise dans une couture** n. f.
Terme à éviter : poche insérée
seam pocket;
slot pocket;
inset pocket 1

Poche formée dans la couture latérale d'un vêtement et qui a l'aspect d'une fente en raison de l'ouverture donnant accès au sac de poche. Ex. : poches prises dans les coutures latérales d'un manteau.

681. **poche prise dans une découpe** n. f.
Terme à éviter : poche insérée
inset pocket 2;
pocket set into seaming

Poche dont l'ouverture est située le long d'une découpe ou dont le bord à lui seul produit un effet de découpe. (Voir ill. n° 215.)

682. poche raglan
Syn. de **poche à patte raglan**

683. **poche repose-bras 1** n. f.
hand-warmer pocket
V. o. *hand warmer pocket*

Chacune des deux poches jumelées coupées verticalement sur le devant d'un vêtement sport, en haut de la taille, dans lesquelles on passe les mains pour les protéger du froid et reposer les bras. Ex. : poches repose-bras d'un caban. (Voir ill. n° 39.)

Note. — Ne pas confondre cette poche avec la **poche manchon** (voir ce terme).

684. **poche repose-bras 2**
two-way patch pocket

Chacune des deux poches appliquées au niveau des hanches, sur certains vêtements de sport, et comportant, en plus de l'ouverture supérieure, une fente latérale faisant repose-bras. Ex. : poche repose-bras d'une veste de chasse.

685. **poche-revolver** n. f.;
poche fessière n. f.
back pocket;
back hip pocket

Poche arrière placée entre la ceinture et le début de la jambe du pantalon.

Note. — Pluriel : **poches-revolver.**

686. poche soufflet 1
Syn. de **poche à soufflets 1**

687. poche soufflet 2
Syn. de **poche à soufflets 2**

688. **poche-ticket** n. f.
ticket pocket

Petite poche placée au-dessus de la poche du côté droit du veston ou du manteau.

Notes. — 1. On trouve aussi la poche-ticket dans la doublure du vêtement, à gauche, au niveau de la taille.
2. Pluriel : **poches-ticket.**

689. **poche tiroir** n. f.
flap pocket

Poche passepoilée à laquelle est ajouté un rabat qui peut être mis à volonté soit au dehors, soit à l'intérieur de la poche. Ex. : poche tiroir d'un veston.

Note. — Pluriel : **poches tiroir.**

690. **pochette 1** n. f.
pocket handkerchief

Petit mouchoir qui orne la poche poitrine d'un veston d'homme ou d'une jaquette de dame.

Note. — La pochette est faite de fine lingerie ou confectionnée dans le même tissu que la cravate. (Voir ill. n° 64.)

691. pochette 2 n. f.
small pocket 1

Petite poche d'un vêtement.

692. pochette 3
small pocket 2

Petite poche située en haut et à gauche dans un veston, et qui est destinée à recevoir le petit mouchoir de fantaisie appelé aussi pochette. (Voir ill. n° 65.)

693. poignard n. m.
triangular insert

Petite pointe d'étoffe que l'on insère dans certaines parties d'un vêtement pour l'élargir. Ex. : poignard à la fourche d'un pantalon pour conformation obèse.

694. poignet 1 n. m.
cuff 4;
wrist band 1

Rebord ou bande rapportée à l'extrémité d'une manche, qu'elle soit longue ou courte.

695. poignet 2 n. m.
wrist

Bande, souvent de tricot à côtes, qui borde l'entrée d'un gant ou d'une mitaine et qui recouvre le poignet.

696. poignet coupe-vent n. m.;
coupe-vent n. m.
Terme à éviter : poignet tempête
storm cuff;
storm tab

Poignet dont la partie supérieure est fixée à la doublure de la manche d'un vêtement.

Note. — La partie inférieure du poignet est froncée et maintenue par une bande élastique. Son rôle est d'empêcher le vent et la neige de pénétrer dans la manche.

697. poignet droit n. m.;
poignet simple n. m.
barrel cuff

Poignet non replié dont les extrémités se boutonnent à plat.

698. poignet mousquetaire n. m.;
manchette n. f.
french cuff;
double cuff;
gauntlet cuff;
turn back cuff

Poignet de chemise ou de chemisier formé d'une large bande (constituée d'une double épaisseur de tissu) qui se replie sur elle-même et non sur la manche.

Notes. — 1. Ce type de poignet s'attache bord à bord au moyen de boutons de manchettes. (Voir ill. n° 194.)
2. Ne pas confondre ce poignet avec la **manchette mousquetaire** (voir ce terme).
3. Pluriel : **poignets mousquetaire ou mousquetaires.**

699. poignet simple
Syn. de **poignet droit**

700. poignet tranformable n. m.
Terme à éviter : poignet deux façons
two-way cuff

Poignet simple conçu de façon à pouvoir simuler un poignet mousquetaire, dépourvu de surpiqûres et comportant des boutonnières à chaque extrémité ainsi qu'un bouton escamotable qui permet de le boutonner à plat ou bord à bord.

Note. — On peut également fermer le poignet transformable au moyen d'un bouton de manchette.

701. pointe 1 n. f.
triangular fichu;
fichu 2;
kerchief 6

Triangle d'étoffe dont les femmes se coiffent ou qu'elles portent sur les épaules en guise d'écharpe.

702. pointe 2 n. f.;
bout n. m.
toe;
reinforced toe (renforcée)

Extrémité du bas, de la chaussette, qui couvre les orteils.

Note. — Cette partie est souvent renforcée, de sorte que l'on peut distinguer la démarcation entre la pointe et le bas proprement dit.

703. pointe 3
collar point

Extrémité plus ou moins aiguë d'un col.

704. pointure n. f.
size 1

Nombre conventionnel indiquant les dimensions d'un gant, d'une coiffure, d'un col, d'une chaussure ou de la partie du corps qu'ils habillent.

705. polo
Syn. de **chemise polo**

706. polojama n. m.
polojama

Pyjama qui se caractérise par sa tunique à manches longues de style tee-shirt et par ses bords-côtes au ras du cou, aux poignets et aux chevilles. (Voir ill. n° 134.)

Note. — Ce terme est un emprunt de l'anglais polojama qui, soit dit en passant, n'évoque pas le style polo classique.

707. pompon n. m.
pompon;
pom

Touffe de tissu, de forme sphérique ou hémisphérique, qui sert à orner le vêtement et la coiffure.

Note. — Confectionné de laine, de soie, ou de fourrure, le pompon s'utilise surtout sur les bonnets, sur certains bérets et sur les pantoufles. (Voir ill. n° 247.)

708. poncho 1 n. m.
poncho 1

Cape d'homme faite d'une couverture percée au centre pour passer la tête.

Note. — Le poncho est en usage dans certains pays d'Amérique latine.

709. poncho 2 n. m.
poncho 2

Imperméable d'homme ou de femme dont la forme rappelle celle du poncho et qui comporte un capuchon.

710. pont n. m.
fall 1;
flap 1

Système de fermeture d'un pantalon, d'une culotte, dont le devant ou une partie du devant, en forme de trapèze, se ramène vers la taille et s'attache par un boutonnage sur les côtés et à la ceinture.

Note. — On retrouve également des ponts décoratifs sur les jupes. (Voir ill. n° 130.)

711. porte-jarretelles
Syn. de **ceinture-jarretelles**

712. pouce n. m.
thumb

Partie du gant ou de la mitaine qui habille le pouce.

713. pouce ricochet n. m.
bolton thumb

Pouce dont la piécette est coupée à même la paume du gant.

714. près du corps loc. adj.
fitting snugly

Se dit de tout vêtement qui suit la ligne du corps sans pour cela être collant.

715. pression
Syn. de **bouton-pression**

716. pressionné, e adj.
snap 2;
domed
Pourvu de boutons-pression. Ex. : patte pressionnée.

717. prêt-à-porter n. m. collectif
ready-to-wear 2;
ready-made 2;
prêt-à-porter

Vêtements de confection de qualité supérieure à la confection ordinaire et de coût inférieur aux vêtements sur mesure.

718. protège-bas
Syn. de **chausson 5**

719. pull n. m.
pullover 1

Tricot de laine ou d'autres matières qui s'enfile par la tête et comporte souvent une encolure ras du cou ou en V, ou encore un col roulé. (Voir ill. n° 118.)

Note. — Pluriel : **pulls**.

720. pull d'entraînement
Syn. de **pull molletonné**

721. pull molletonné n. m.;
pull ouatiné n. m.;
pull d'entraînement n. m.
sweat shirt

Pull blousant, à manches longues, fait de jersey de coton molletonné, resserré aux poignets et aux hanches par un bord-côte.

Note. — Le pull est souvent porté comme partie supérieure d'un survêtement. Dans ce cas, on peut parler aussi de **haut molletonné**. Le modèle le plus classique se caractérise par un petit empiècement de tricot côtelé, qui forme encolure ras du cou ou se prolonge en col montant. Un autre type très répandu est pourvu d'un capuchon à lacet de serrage et d'une poche manchon. Quand le pull d'entraînement s'ouvre de haut en bas devant par une glissière, on lui donnera plutôt le nom

de blouson de survêtement ou blouson d'entraînement, suivant l'usage qu'on en fait. (Voir ill. n° 72.)

722. pull ouatiné
Syn. de **pull molletonné**

723. pyjama n. m.
pajamas;
pyjamas

Vêtement de nuit (ou, moins souvent, d'intérieur) composé d'une veste ou d'une tunique et d'un pantalon à ceinture élastique ou coulissée.

Note. — Le pyjama est ample et léger et conçu de façon à ne pas gêner les mouvements pendant le sommeil ou la détente. Le pyjama de dame est davantage soumis aux fantaisies de la mode que le pyjama d'homme. Ce dernier se caractérise aujourd'hui par sa veste droite pourvue d'un col chemisier ou tailleur et d'au moins une poche plaquée, qui est alors placée à gauche, sur la poitrine.

Q

724. queue 1 n. f.
tail 3;
claw-hammer

Prolongement du dos de l'habit de cérémonie constitué de deux basques taillées en pointes arrondies. Ex. : habit à queue. (Voir ill. n° 58.)

Note. — Le terme **habit à queue** n'est pas, comme on l'a prétendu, un anglicisme.

725. queue 2 n. f.
shank 1

Anneau placé au dos d'un bouton sans trous et qui permet de le coudre.

726. queue 3 n. f.
shank 2

Petite tige de fil que l'on forme sous un bouton en le cousant et qui facilite le boutonnage.

R

727. rabat 1 n. m.
pocket flap

Morceau d'étoffe ou d'autre matière fixé à la partie supérieure de l'ouverture d'une poche sur laquelle il retombe.

Notes. — 1. Le rabat est souvent rectangulaire mais peut affecter d'autres formes. Il sert parfois à simuler une poche (voir fausse poche). Ex. : rabat boutonné, rabat en forme d'écusson. (Voir ill. n° 7.)
2. Ne pas confondre le rabat de poche avec le revers de poche.

728. rabat 2 n. m.
flap 2

Pièce rectangulaire d'étoffe, de tricot, de cuir, etc., fixée à l'entrée de tête d'une coiffure et qui peut se rabattre pour protéger du froid la nuque et les oreilles. (Voir ill. n° 269.)

Note. — Les coiffures munies d'un rabat sont souvent les casques, les casquettes.

729. raglan n. m.
raglan

Manteau plutôt ample, caractérisé par le style bien particulier de ses poches et de ses manches. (Voir ill. n° 13.)

Note. — L'adjectif raglan accolé à un nom de vêtement signifie que ce vêtement comporte des manches raglan.

730. ras-de-cou
Syn. **d'encolure ras du cou**

731. ras du cou
Syn. **d'encolure ras du cou**

732. ras le cou
Syn. **d'encolure ras du cou**

733. rebras n. m.
gauntlet 3

Prolongement d'un gant compris entre la base du pouce et le bord du gant.

Note. — La longueur du rebras est très variable : il peut recouvrir le poignet, tout l'avant-bras et même le coude. (Voir ill. n° 234.)

734. redingote n. f.
redingote

Manteau de femme, droit ou croisé, ajusté ou simplement « appuyé » à la taille.

Note. — Il dérive de l'ancien vêtement masculin à double ou simple boutonnage, pourvu d'un grand col à revers et de longues basques enveloppantes, qui était encore porté dans le premier tiers de notre siècle pour les cérémonies. (Voir ill. n° 17.)

735. renforcé, e adj.
reinforced

Se dit d'un vêtement (ou d'une partie de vêtement) rendu plus épais et plus résistant aux endroits exposés à l'usure. Ex. : bas-culotte renforcé aux talons; genoux renforcés d'un pantalon d'enfant.

736. renfort 1 n. m.
Terme à éviter : insertion
reinforcement 1

Ce qui sert à renforcer un vêtement aux endroits vulnérables.

737. renfort 2 n. m.
reinforcement 2;
patch

Pièce de matière et de forme variable appliquée (cousue ou collée) aux coudes ou aux genoux d'un vêtement pour les rendre plus résistants, les protéger, et parfois les garnir. Ex. : renfort de cuir aux coudes d'une veste sport.

738. renfort 3 n. m.
underbust insert

Pièce de matière rigide placée à l'intérieur et à la base d'un bonnet de soutien-gorge pour assurer un meilleur maintien.

Note. — Ce genre de renfort est générale-ment en forme de pétales; son contour est souligné par une piqûre.

739. résille 1 n. f.
hairnet

Filet invisible fait de cheveux humains ou en imitation, qui sert à maintenir la cheve-lure.

740. résille 2 n. f.
snood

Filet décoratif de soie ou d'autre matière dont on enveloppe une chevelure longue.

741. revers 1 n. m.;
parement n. m.
Terme à éviter : coffre
cuff 5 (de manche, de pantalon);
turn-up (de pantalon);
wrist band 2 (de gant);
turn-over (de chaussette);
turn-down flap (de poche)

Extrémité d'un vêtement ou d'une partie de vêtement, rapportée ou non, repliée sur l'extérieur et montrant l'endroit. Ex. : revers d'une manche, d'une jambe de pantalon (voir ill. n° 125), d'un gant, d'une chaussure, d'une poche plaquée. (Voir ill. n° 3.)

Notes. — 1. Le terme parement est syno-nyme de revers, lorsqu'il s'agit d'une man-che.
2. Ne pas confondre le revers de poche avec le rabat de poche (voir rabat 1).

742. revers 2 n. m.
lapel

Chacune des deux parties situées dans le prolongement du col et rabattues sur la poitrine. Ex. : revers d'un veston. (Voir ill. n° 49.)

743. revers cranté n. m.
notched lapel

Revers formant un cran à l'endroit de sa rencontre avec le col.

744. réversible adj.
reversible

Se dit d'un vêtement dépourvu d'envers, conçu pour être porté indifféremment d'un côté ou de l'autre.

Note. — Ces derniers sont généralement faits d'étoffes différentes.

745. revêtir v. tr.
to put on 2

Mettre sur soi un vêtement. Ex. : Revêtir une robe.

746. robe n. f.
dress 3;
gown 1

Vêtement de dessus comprenant un cor-sage pourvu ou non de manches qui est prolongé par une jupe à même ou montée.

Note. — La robe est portée par les fem-mes et les jeunes enfants. Dans certains pays africains et asiatiques, les hommes portent aussi des robes.

747. robe bain-de-soleil n. f.
sundress 1;
halter top dress;
dress with halter bodice

Robe à corsage bain-de-soleil (voir **bain-de-soleil**).

Note. — Pluriel : **robes bain-de-soleil**.

748. robe chasuble
Syn. de **chasuble**

749. robe chemisier n. f.
shirtwaist dress

Robe dont le corsage s'apparente à la chemise d'homme et qui est coupée à la taille et ceinturée.

Note. — Pluriel : **robes chemisier**.

750. robe de chambre n. f.
dressing gown 1;
bathrobe 2;
wrapper 2 (de femme)

Manteau d'intérieur à l'usage des deux sexes, confortable et souvent chaud, de longueur et de matière variables.

Notes. — 1. La robe de chambre classique a un col châle et des poches plaquées. Comme elle ne comporte pas de boutonnage, elle se porte croisée et retenue à la taille au moyen d'une ceinture nouée ou d'une cordelière. On l'endosse, le plus souvent, sur un vêtement de nuit.
2. Pluriel : **robes de chambre.**

751. robe de coquetel n. f.;
robe coquetel n. f.
cocktail dress

Robe habillée, de longueur variable, qui se porte après cinq heures.

Notes. — 1. La robe de coquetel peut aussi servir de robe de dîner et de robe à danser.
2. Pluriel : **robes de coquetel; robes coquetel.**

752. robe de dîner n. f.
dinner dress

Robe habillée qui s'apparente à la robe du soir ou à la robe de coquetel, suivant le caractère plus ou moins protocolaire du dîner pour lequel on la porte.

753. robe de grossesse
Syn. de **robe de maternité**

754. robe de maison
Syn. de **robe-tablier**

755. robe de maternité n. f.;
robe de grossesse n. f.;
robe maternité n. f.
maternity dress

Robe ample ou évasée que portent les femmes enceintes.

Notes. — 1. Il semble que le terme robe de maternité soit, au Québec, d'utilisation plus courante que robe de grossesse.
2. Pluriel : **robes de maternité; robes maternité.**

756. robe de plage n. f.
beach dress;
sundress 2

Robe légère, plus ou moins couvrante, de style et de longueur variables, qui se porte à la plage avec ou sans maillot de bain.

Note. — Pluriel : **robes de plage.**

757. robe d'hôtesse n. f.
hostess robe;
hostess gown;
tea-gown 1
V. o. *tea gown 1*

Robe d'intérieur assez élégante pour être portée quand on reçoit des invités.

Note. — Pluriel : **robes d'hôtesse.**

758. robe d'intérieur n. f.
house-coat;
tea-gown 2
V. o. *tea gown 2*

Robe de détente longue et confortable que les femmes portent à la maison.

Note. — Plus sobre que la robe d'hôtesse, la robe d'intérieur est généralement assez façonnée pour se rapprocher de la robe de ville de forme très simple.

759. robe du soir n. f.
gown 2;
evening gown;
evening dress 2

Robe d'apparat, au corsage généralement décolleté et sans manches, à jupe longue.

Note. — Confectionnée dans une étoffe somptueuse, la robe du soir se porte lors de certaines réceptions et cérémonies ayant lieu le soir.

760. robe enveloppe n. f.
wraparound dress;
wraparounder

Robe droite sans manches ouverte latéralement de haut en bas, qui se met en l'enroulant autour du corps, de gauche à droite ou vice-versa.

Note. — Faite d'un rectangle d'étoffe, la robe enveloppe comporte trois entournures. Elle se ferme par une partie qui se rabat, à volonté, sur un côté du dos ou du devant. (Voir ill. n° 121.)

761. robe kimono n. f.
kimono dress

Robe plus ou moins inspirée, selon la mode, du kimono tradionnel et caractérisée essentiellement par ses manches dites kimono.

762. robe manteau n. f.
coat-dress

Robe tailleur qui se ferme devant de haut en bas.

Note. — La robe manteau peut être doublée et ses manches sont de longueur variable. Le plus souvent façonnée dans une étoffe chaude, elle peut tenir lieu de manteau par temps frais.

763. robe maternité
Syn. de **robe de maternité**

764. robe-polo n. f.
Robe dont le corsage imite le polo.

Note. — Pluriel : **robes-polo**.

765. robe princesse n. f.
princess dress

Robe non coupée à la taille, au corsage ajusté ou demi-ajusté, à jupe évasée et galbée par des découpes qui vont des épaules ou des emmanchures jusqu'à l'ourlet du vêtement.

Notes. — 1. La robe princesse peut aussi former jupe étroite vers le bas.
2. La ligne de la robe princesse s'adapte également au manteau féminin et à la combinaison-jupon.
3. Pluriel : **robes princesse**.

766. robe-tablier n.f.;
blouse-robe n. f.;
robe de maison
house dress

Robe, chasuble ou tunique qui se porte à la maison principalement pour des travaux domestiques.

Note. — Confectionnée dans une matière légère et pratique (généralement du coton), la robe-tablier est courte, de style simple, non ajustée, facile à enfiler, et souvent se ferme devant. Elle comporte des poches plaquées et parfois une ceinture.

767. robe tube n. f.
shift dress

Robe droite dont la taille, non coupée, et l'ourlet ont le même diamètre.

Notes. — 1. La robe tube peut être ceinturée ou non.
2. Pluriel : **robes tube**.

768. ruche
Syn. de **ruché**

769. ruché n. m.;
ruche n. f.
ruching;
ruche

Bande d'étoffe légère, assez droite, plissée ou froncée soit au milieu, soit sur un bord.

Note. — Le ruché est disposé en un ou plusieurs rangs et sert à orner un vêtement à différents endroits. Ex. : un décolleté garni de ruchés.

S

770. saharienne n. f.
safari jacket;
bush jacket;
bush shirt

Veste-chemise d'été en toile, comportant une ceinture à boucle et crans, ainsi que quatre poches plaquées avec pli (dites poches soufflet) et rabat. (Voir ill. n° 111.)

Note. — La saharienne est généralement à manches courtes et de couleur beige.

771. salopette 1 n. f.
overalls 3;
bib overalls 1;
dungarees 3

Vêtement de travail fait de grosse toile rustique, constitué d'un pantalon non ajusté prolongé d'une bavette, le tout muni de poches.

Note. — La salopette est suspendue par des bretelles se croisant dans le dos et venant s'attacher à la bavette au moyen de boutons ou de boucles. Elle est destinée aux hommes et aux femmes et se porte avec une chemise, un corsage, un chandail, etc.

772. salopette 2 n. f.
overalls 4;
bib overalls 2

Culotte ou pantalon d'enfant, munis d'une bavette à bretelles.

773. salopette 3 n. f.
overalls 5;
bib overalls 3

Tout vêtement de fantaisie ou de sport, assez ajusté et aux coloris variés, dont la forme rappelle celle de la salopette de travail. Ex. : une salopette de ski.

774. sandale (substantif pris adjectivement)
sandalfoot (pied sandale);
nude heel (talon sandale)

Terme qui, employé pour qualifier le talon ou le pied d'un bas (ou encore le bas lui-même), signifie qu'ils ne sont pas renforcés de façon que ce bas puisse être porté avec une sandale. Ex. : bas-culotte à pieds sandales, à talons sandales, collant sandale.

775. sarong n. m.
sarong 2

Vêtement qui se porte en Occident comme jupe de plage et qui est analogue au paréo.

Notes. — 1. Le sarong est une adaptation du vêtement malais qui porte le même nom.
2. Pluriel : **sarongs**.

776. sarrau n. m.
smock 2;
blouse 7;
slop

Blouse ample et légère souvent plissée, à manches longues, boutonnée devant ou derrière, portée sur les autres vêtements pour ne pas les salir. Ex. : Le sarrau d'écolière comporte souvent un col Claudine et un empiècement. (Voir ill. n° 74.) Un sarrau de peintre, de sculpteur.

Notes. — 1. Il faut éviter d'employer sarrau pour blouse de laboratoire.
2. Pluriel : **sarraus**.

777. saut-de-lit n. m.
bathrobe 3;
dressing gown 2;
negligee 3

Peignoir léger que les femmes passent en se levant.

Note. — Pluriel : **sauts-de-lit**.

778. saxe
Syn. de **gant de Saxe**

779. schapska
V.o. de **chapska**

780. semelle (de bas) n. f.
sole

Partie d'un bas, d'une chaussette qui est en contact avec la plante du pied et qui peut être renforcée.

781. serre-tête 1 n. m. invar.
crash-helmet

Bonnet très enveloppant, de cuir ou de matière s'y apparentant, composé d'une calotte prolongée par une sorte de rabat qui recouvre la nuque et les oreilles et s'attache sous le menton.

Note. — Le serre-tête est souvent pourvu d'une étroite visière. (Voir ill. n° 249.)

782. serre-tête 2 n. m.
headband 2

Bandeau de tricot étroit sur le front qui va en s'élargissant au niveau des oreilles et de la nuque, et que l'on porte pour les sports d'hiver.

Note. — Le serre-tête est destiné à protéger les oreilles du froid et à maintenir la chevelure.

783. short n. m.
shorts 2

Courte et légère culotte de sport à l'usage des deux sexes, qui ne couvre généralement que le haut de la cuisse, mais peut descendre un peu plus bas.

784. short boxeur n. m.
boxers 2

Short d'homme, plissé à la taille par une ceinture élastique dite boxeur (angl. : *boxer-waist*), et qui est nécessairement pourvu d'un slip intérieur.

Notes. — 1. Comme son nom l'indique, ce type de short rappelle la culotte du boxeur. 2. Ne pas confondre avec le **caleçon boxeur** (voir ce terme).

785. slip 1 n. m.
bikini 2;
bikini panties (de femme);
bikini briefs;
slip 3 (d'homme)

Sous-vêtement féminin ou masculin qui consiste en une culotte ou un caleçon abrégé, à taille basse, dépourvu de jambes et échancré très haut sur les cuisses. (Voir ill. n° 165.)

Note. — Il est à noter que la distinction entre le slip et la culotte (sous-vêtement féminin) n'est pas toujours faite et qu'on nomme souvent culotte un slip féminin.

786. slip 2 n. m.
bathing slip;
trunks

Caleçon de bain court que portent les hommes.

787. smocks n. m. pl.
smocking

Motif décoratif formé de petites fronces verticales fixées par des points de broderie effectués sur l'endroit avec des fils de couleurs contrastantes.

Note. — Généralement utilisés dans la confection des vêtements d'enfants, les smocks se retrouvent sur le corsage et au bas des manches des robes, des chemises de nuit et des barboteuses.

788. smoking n. m.
tuxedo

Costume habillé composé d'un veston, d'un gilet, et d'un pantalon à galon de soie sur les côtés, tous de même couleur.

Note. — Le smoking se porte dans les dîners et les soirées de demi-cérémonie. Il est habituellement fait de drap fin noir, bleu nuit, ou blanc (pour l'été ou les climats chauds). Le veston est droit ou croisé et comporte un long col de soie, de style châle ou tailleur; dans ce dernier cas, il arrive souvent que seuls les revers soient en soie. (Voir ill. n° 62.) Parfois, le terme smoking peut ne s'appliquer qu'au veston (angl. : *tuxedo jacket*; *dinner jacket*).

789. socquette n. f.
ankle sock;
anklet;
bobby-sock

Chaussette sport très courte, avec ou sans revers, ne couvrant que le pied et la cheville. (Voir ill. n° 228.)

790. sortie-de-bain n. f.
bathrobe 4;
bath-wrap

Vêtement, peignoir ou grande serviette de tissu éponge dont on s'enveloppe avant et après le bain, chez soi ou à la plage.

Note. — Pluriel : **sorties-de-bain**.

791. sortie-de-bal n. f.
evening wrap

Vêtement du soir plus ou moins chaud que les femmes revêtent par-dessus leur toilette de bal.

Note. — Pluriel : **sorties-de-bal**.

792. soufflet n. m.
gusset 3

Pièce triangulaire que l'on fixe dans l'angle d'une fente d'une partie de vêtement pour lui donner plus d'ampleur.

793. soupied

Voir **patte sous-pied**.

794. sous-bas n. m.
understocking

Bas de couleur chair suffisamment épais pour protéger du froid, et qui se porte sous un bas fin en hiver.

795. sous-bras n. m.
Partie du vêtement située sous l'aisselle.

796. sous-jupe n. f.
skirt foundation 2

Jupon destiné à être porté sous une jupe ouverte ou d'étoffe transparente.

797. sous-pied
Syn. de **patte sous-pied**

798. sous-vêtement n. m.
underwear 3;
undergarment

Pièce de l'habillement destinée à être portée à même la peau et sous les vêtements.

Note. — Quand on parle de plusieurs sous-vêtements, en particulier de sous-vêtements féminins, on peut aussi dire des dessous (voir ce terme).

799. sous-vêtement de maintien n. m.
Terme à éviter : vêtement de base
foundation garment

Tout article de corseterie incluant le soutien-gorge.

800. soutien-gorge n. m.
Terme à éviter : brassière
brassiere 2;
bra

Sous-vêtement féminin plus ou moins souple qui entoure le torse et qui est destiné à maintenir la poitrine et à la mettre en valeur.

Notes. — 1. Composé essentiellement de deux bonnets, avec ou sans armature, le soutien-gorge est retenu par des bretelles et s'attache le plus souvent dans le dos, au moyen de deux bandes élastiques qui s'agrafent. Certains modèles s'attachent devant au moyen d'un système de fermeture fixé entre les deux bonnets. (Voir ill. n° 151.)
2. Pluriel : **soutiens-gorge.**

801. **soutien-gorge ampliforme**
Syn. de **soutien-gorge préformé**

802. **soutien-gorge balconnet** n. m.
push up bra

Soutien-gorge souvent préformé, à armature, découvrant le haut de la poitrine.

Notes. — 1. Les épaulettes de ce soutien-gorge, qui peuvent être amovibles, sont décalées au bord de l'épaule, rejoignant généralement l'armature sur le côté des bonnets. (Voir ill. n° 155.)
2. Pluriel : **soutiens-gorge balconnet**.

803. **soutien-gorge corbeille** n. m.

Soutien-gorge décolleté dont les bonnets se prolongent en de longues pointes vers les épaulettes (Voir ill. n° 157.)

Note. — Pluriel : **soutiens-gorge corbeille**.

804. **soutien-gorge pigeonnant** n. m.
décolleté bra

Soutien-gorge généralement préformé, à armature, très échancré, qui fait la poitrine haute et ronde comme la gorge d'un pigeon.

805. **soutien-gorge préformé** n. m.;
soutien-gorge ampliforme n. m.
padded bra;
contour bra

Soutien-gorge dont les bonnets galbés ou renforcés de mousse synthétique accentuent la poitrine ou servent de seins postiches.

806. **spencer 1** n. m.
spencer 1

Courte veste de soirée pour homme, analogue à celle de l'habit de cérémonie, mais dépourvue de basques.

Note. — Le plus souvent fait de toile blanche, le spencer se porte l'été.

807. **spencer 2** n.m.
spencer 2

Courte veste de femme, ajustée et non ceinturée, pourvue de manches longues et qui s'arrête plus ou moins haut au-dessus des hanches. (Voir ill. n° 66.)

808. **sur-maillot**
Syn. de **cache-maillot**

809. **sur mesure** loc. adj.
made-to-order;
made-to-measure;
custom-made

Se dit des vêtements et des chaussures faits et ajustés suivant les mesures d'une personne.

Note. — Ce terme s'oppose à vêtements de confection (voir ce terme). Ex. : un complet sur mesure.

810. **suroît** n. m.
southwester

Coiffure dont le bord, étroit sur le front s'élargit progressivement et descend sur la nuque.

Note. — À l'exemple des chapeaux de pêcheurs dont il a emprunté le nom et qui sont conçus pour protéger des intempéries, le suroît est généralement en matière imperméable parce qu'il accompagne le plus souvent le manteau de pluie, et peut être retenu sous le menton par des brides. (Voir ill. n° 245.)

811. **surpantalon** n. m.
warm-up pants

Pantalon chaud en nylon ou autre matière semblable, que l'on porte en principe par-dessus un pantalon de ski pour se protéger contre un froid intense.

Note. — Le surpantalon comporte des glissières latérales pleine longueur ou partant seulement du genou. (Voir ill. n° 44.)

812. surpiqûre n. f.
top stitching

Piqûre robuste à longs points faite avec de la soie à boutonnière.

Note. — Le rôle de la surpiqûre n'est pas d'assembler mais bien de garnir tout en consolidant. On la retrouve en bordure de certaines parties de vêtement : revers, poches, etc. On l'utilise aussi pour souligner les découpes.

813. surplis n. m.
smock top

Corsage qui, par sa forme et le tissu dans lequel il est confectionné, rappelle le surplis ecclésiastique.

Note. — Le plus souvent fait de coton blanc, le surplis est flottant, pourvu d'un empiècement devant et orné de fronces, de dentelles ou de broderies. Ses manches sont généralement amples, son encolure souvent carrée. Il peut aussi comporter un col de style variable.

814. surtout n. m.
overcoat 3;
surtout

Large manteau ample et simple porté par les hommes et par les femmes.

815. survêtement n. m.;
ensemble molletonné n. m.;
ensemble ouatiné n. m.
sweat suit;
training suit;
jogging suit

Ensemble formé d'un blouson ou d'un pull (angl. : *sweat shirt*) et d'un pantalon (angl. : *sweat pants*), en jersey molletonné.

Note. — C'est un ensemble que les sportifs mettent sur leur tenue de sport, avant et après les exercices, les épreuves. Il peut aussi constituer un vêtement d'entraînement proprement dit. (Voir ill. n° 73.) On peut également le porter comme vêtement de détente.

T

816. tablier 1 n. m.
apron

Vêtement de protection, et parfois d'ornementation quand il est porté par le sexe féminin, exécuté dans des matières diverses et qui ne couvre que le devant du vêtement sur lequel il est porté. Ex. : tablier de cuisine, de boucher, de cordonnier.

Note. — Le tablier peut être confectionné en étoffe, surtout en cotonnade, en cuir, en plastique, etc.

817. tablier 2 n. m.
pinafore;
smock 3

Blouse de protection qui se boutonne généralement derrière, tel le tablier d'écolier, ou devant, comme le tablier-blouse.

818. tablier à bavette n. m.;
tablier-bavette n. m.
bibbed apron;
bib-top apron

Tablier caractérisé par sa bavette suspendue par une bride passant autour du cou ou par des bretelles qui se croisent dans le dos.

Notes. — 1. Fait d'une seule pièce, le tablier à bavette est retenu derrière par des liens communément appelés cordons, coupé à la taille, il comporte une ceinture qui se noue derrière. Il ne protège généralement que le devant d'un vêtement.
2. Pluriel : **tabliers à bavette; tabliers-bavette**.

819. tablier à thé n. m.
tea apron

Minuscule tablier très coquet, fait de matière légère, et orné de broderie, de volants ou de dentelle. (Voir ill. n° 85.)

Note. — Confectionné le plus souvent de linon ou d'organdi, le tablier à thé peut comporter une bavette avec ou sans bretelles.

820. tablier-blouse n. m.;
blouse-tablier n. m.
smock 4;
overall 2

Longue blouse unie ou imprimée portée sur un autre vêtement pour le protéger.

Notes. — 1. Le modèle le plus classique est de forme droite, il comporte un col tailleur ou chemisier, un boutonnage pleine longueur devant, des poches plaquées, des manches longues et une ceinture. Le tablier-blouse peut également se croiser devant ou derrière, ou s'inspirer de la tunique russe avec col montant et boutonnage latéral.
2. Pluriel : **tabliers-blouses; blouses-tabliers.**

821. tablier taille n. m.
half-apron

Tablier de longueur variable qui tombe sur le devant d'un vêtement à partir de la taille.

Notes. — 1. Le tablier taille peut envelopper partiellement les hanches. Il est monté sur une ceinture apparente qui se noue dans le dos. (Voir ill. n° 82.)
2. Pluriel : **tabliers taille.**

822. taille 1 n. f.
          Termes à éviter : grandeur;
                              âge
size 2

Nombre correspondant à l'ensemble des mesures d'un vêtement déterminées par un type standard. Ex. : Je désire un chemisier de taille 40. Ces bas se font en taille unique (angl. : *one size*). C'est une boutique qui ne vend que des grandes tailles.

823. taille 2 n. f.
waistline
Rétrécissement plus ou moins accentué d'un vêtement, qui peut se situer à différents niveaux selon la mode, à partir du bas de la poitrine jusqu'aux hanches. Ex. : La taille des robes de style Empire était placée haut sous les seins.

824. tailleur n. m.
suit 2

Deux-pièces de ville constitué d'une veste (ou jaquette) doublée, à manches généralement longues, et d'une jupe.

Note. — Le tailleur se porte avec une blouse ou un chemisier assortis et est coupé dans une étoffe de bonne tenue. Le tailleur classique s'apparente au complet traditionnel.

825. tailleur-pantalon
Syn. de **pantailleur**

826. talon (de bas) n. m.
heel

Partie généralement renforcée d'un bas, d'une chaussette, qui recouvre le talon.

827. talonnette n. f.
binding;
bottom binding

Ruban très résistant ou étroite bande de cuir que l'on coud à l'intérieur et à l'arrière du bas des jambes d'un pantalon d'homme, pour éviter l'usure due au frottement de la chaussure.

828. tambourin n. m.
pillbox

Petit chapeau de femme, sans bords et à calotte plate, de forme cylindrique. (Voir ill. n° 237.)

829. tandem n. m.
Terme à éviter : twin-set
twin-set

Ensemble se composant d'un pull, souvent à encolure ras du cou, et d'un cardigan (parfois remplacé par un gilet de laine) parfaitement assortis. (Voir ill. n° 117.)

830. tee-shirt n. m.;
T-shirt
T-shirt;
tee-shirt

Pull en jersey de coton sans fermeture, avec encolure plus ou moins près du cou et manches courtes, qui est porté par les deux sexes.

Notes. — 1. En principe, le tee-shirt se caractérise par sa forme qui, lorsqu'il est posé à plat, rappelle celle de la lettre T. 2. C'était, à l'origine, le sous-vêtement des joueurs de baseball américains. 3. Pluriel : **tee-shirts**.

831. tenant, e adj.
attached

Qui est fixé au vêtement. Ex. : col tenant; capuche tenante d'un anorak.

832. tenue 1
Syn. de **mise**

833. tenue 2 n. f.
outfit 1;
garb 2;
dress 4

Ensemble des vêtements et des accessoires qui se portent pour une activité ou une circonstance déterminée. Ex. : tenue d'équitation; tenue de voyage; tenue de ville.

834. tête de manche n. f.
sleeve cap

Partie arrondie de la manche montée qui recouvre le haut du bras jusqu'au biceps et se coud à l'entournure.

Note. — Pluriel : **têtes de manche**.

835. tige (de bas) n. f.
leg 2

Prolongement d'un bas, d'une chaussette au-dessus du pied.

Note. — La hauteur de la tige varie selon qu'il s'agit d'un bas, d'un mi-bas, d'une chaussette ou d'une socquette.

836. tirant (de réglage) n. m.
adjustable waist tab;
buckled tab

Patte ayant pour fonction de resserrer un vêtement à la taille au moyen d'une boucle qui peut être fixée au vêtement lui-même ou à une autre patte (également appelée tirant) lui faisant face.

Note. — Ce système de réglage se rencontre au dos du gilet du complet-veston où il peut être jumelé, ainsi qu'à l'arrière ou sur le côté de certains pantalons. (Voir ill. n° 52.)

837. tirette 1 n. f.
loop 2

Chacune des deux petites brides formées d'un ruban plié en deux, fixées à la taille d'une jupe et permettant de la suspendre à un cintre.

838. tirette 2 n.f.
pull-tab

Petite pièce, souvent ornementale, de formes et de matériaux divers, servant à manœuvrer le curseur (angl. : *slider*) d'une fermeture à glissière.

839. toilette 1 n. f.
outfit 2;
formal dress

Ensemble des pièces de l'habillement dont une femme se pare pour une circonstance exigeant une tenue habillée. Ex. : toilette de mariée.

840. toilette 2 n. f.
dress 5

Tout costume féminin, à l'exclusion des tenues sport ou de travail. Ex. : toilette d'été; toilette de voyage.

841. toilette 3 n. f.
dress 6

Fait de se parer avec recherche et élégance. Ex. : Aimer la toilette.

842. tombant 1 n. m.
collar fall

Partie du col qui se retourne sur l'épaule à partir de la cassure jusqu'au bord.

843. tombant 2;
tombée n. f.
fall 2

Aspect que présente un vêtement considéré par rapport à sa manière de tendre vers le sol. Ex. : Le pli permanent de ce pantalon lui assure une tombée nette et impeccable.

844. tombée
Syn. de **tombant 2**

845. toque n. f.
toque 2;
fur hat

Coiffure de forme cylindrique, à fond plat, dépourvue de bord.

Note. — La toque se pose généralement sur le front et emboîte la tête. Elle est confectionnée d'étoffe ou de fourrure. (Voir ill. n° 238.)

846. tour-de-cou n. m.
necklet

Accessoire vestimentaire dont on entoure le cou pour l'orner ou le réchauffer. Ex. : tour-de-cou en gaze, retenu par une fleur.

Notes. — 1. Le tour-de-cou peut être une fourrure, une écharpe, un foulard, etc.
2. Pluriel : **tours-de-cou**.

847. tour de taille n. m.
waist measurement

Mesure du périmètre de la taille.

848. tour de tête n. m.
head size 2

Mesure du contour de la tête qui détermine la pointure de la coiffure.

849. tourmaline n. f. (QC)
tam-o'-shanter;
tam

Large béret de laine maintenu sur la tête par un étroit bord-côte.

Note. — La tourmaline est habituellement surmontée d'un pompon. (Voir ill. n° 246.)

850. tout-aller loc. adj. invar.
casual

Se dit d'un vêtement passe-partout ni trop sport, ni trop habillé, qui peut convenir à plusieurs circonstances. Ex. : La petite robe tout-aller est indispensable en voyage.

851. tout fait 1 n. m. collectif
ready-made 3;
ready-to-wear 3

Vêtement de confection par opposition à vêtement sur mesure. Ex. : Acheter du tout fait.

852. tout fait 2 loc. adj.
ready-made 4

Se dit d'une partie de l'habillement qui n'est pas faite sur mesure. Ex. : Elle ne porte que des vêtements tout faits, des robes toutes faites.

853. traîne n. f.
train

Prolongement rapporté ou non à l'arrière d'une robe ou d'un manteau d'apparat et qui traîne sur le sol. Ex. : traîne d'une robe de mariée.

854. tranche
Syn. de **côte**

855. transformable adj.
convertible

Se dit d'un vêtement (ou d'une partie de vêtement) conçu pour se porter de différentes façons ou se modifier à volonté. Ex. : col tranformable, poignet transformable; robe transformable en chasuble.

856. trench
Syn. de **trench-coat**

857. trench-coat n. m.;
trench n. m.
trench coat

Manteau sport imperméable, pour hommes ou femmes, caractérisé par son col pointu transformable, son double boutonnage, ses bavolets sur le devant et dans le dos, ses grandes poches le plus souvent de style raglan, ses pattes aux épaules et au bas des manches, et enfin sa ceinture sous passants. (Voir ill. n° 8.)

Note. — Pluriel : **trench-coats; trenchs.**

858. tricot 1 n. m.
sweater 2;
pullover 2

Tout vêtement tricoté qui couvre le torse.

859. tricot 2 n. m.
undervest;
undershirt 2

Maillot de corps des matelots, à rayures horizontales blanches et bleues.

860. triplure n. f.
interlining 2;
interfacing;
stiffening

Matière textile ayant une certaine rigidité, intercalée entre l'étoffe et la doublure d'une partie de vêtement pour renforcer celle-ci et lui donner du corps. Ex. : triplure de col chemisier.

861. trois-pièces n. m.
three-piece

Ensemble vestimentaire féminin constitué de trois éléments. Ex. : Un trois-pièces comprenant une veste, une tunique et un pantalon.

862. trois-quarts n. m.
three-quarter coat

Manteau s'arrêtant approximativement à mi-cuisses.

863. T-shirt
Syn. de **tee-shirt**

864. tunique 1 n. f.
tunic 1

Long vêtement de dessus, de style dépouillé, non coupé à la taille et de forme droite.

Note. — La tunique s'inspire du vêtement de l'Antiquité qui porte ce nom.

865. tunique 2 n. f.
tunic 2

Blouse parfois ceinturée qui descend aux hanches, à mi-cuisses ou aux genoux et retombe sur la jupe ou le pantalon. (Voir ill. n° 79.)

866. tuque 1 n. f.
tuque;
stocking cap

Long bonnet de laine fait d'une bande de tricot tubulaire dont les deux extrémités sont fermées; l'une d'elles est rentrée de façon à former l'intérieur du bonnet, l'autre constitue l'extérieur, retombe sur l'épaule et se termine soit par un pompon, soit par un gland. (Voir ill. n° 254.)

Note. — La tuque fait partie du costume folklorique québécois et se porte surtout pour le sport et le carnaval.

867. tuque 2 n.f.
toque 3

Bonnet de laine en tricot côtes de forme conique, surmonté d'un pompon.

868. turban n. m.
turban

Coiffure formée d'un long bandeau de tissu souple que l'on drape de façon à emboîter la tête en dégageant plus ou moins le front.

Note. — On peut nouer le turban, soit à l'avant ou à l'arrière. On en laisse alors parfois flotter les bouts. Le turban peut aussi être drapé de façon permanente, parfois sur une forme.

U

869. uniforme n. m.
uniform

Tenue identique imposée à tous les membres d'un groupe exerçant une même profession, un même métier ou pratiquant un même sport. Ex.: uniforme d'hôtesse de l'air.

Note. — Il faut éviter d'employer uniforme au sens de costume officiel identique porté par les titulaires d'une même dignité.

870. unisexe 1 n. m.
unisex 1

Vêtement destiné à être porté indifféremment par les personnes des deux sexes. Ex.: boutique spécialisée dans l'unisexe.

871. unisexe 2 adj.
unisex 2

Se dit d'un vêtement destiné à être porté indifféremment par les deux sexes. Ex.: tunique unisexe.

V

872. vague adj.
loose

S'applique à un vêtement de coupe très ample, de forme floue, qui tombe en s'évasant.

873. vareuse 1 n. f.
pea jacquet 3

Veste de certains uniformes militaires.

874. vareuse 2 n. f.
pea jacquet 4

Veste sport rappelant la vareuse des officiers et quelquefois la chemise de laine des marins.

875. veste n. f.
jacket 3

Vêtement à manches, coupé dans une étoffe de bonne tenue, ouvert sur le devant et ne tombant pas plus bas que les hanches.

Notes. — 1. La veste se porte sur une chemise, un gilet, un tricot ou un corsage et peut faire partie d'un ensemble.
2. La veste d'un complet s'appelle plus spécialement veston, et celle d'un tailleur, jaquette.

876. veste-chemise n. f.
shirt jacket;
shirt-style jacket

Veste sport à manches longues, avec ou sans pans, dont le style rappelle la chemise d'homme.

Note. — La veste-chemise est portée par les deux sexes et confectionnée dans des matières plutôt légères, plus ou moins chaudes selon la saison.

877. veste de laine n. f.
sweater 3;
cardigan 3

Tout tricot à grosses mailles, souvent à col rabattu, qui s'apparente à la veste. (Voir ill. n° 120.)

878. veste d'intérieur
Syn. de **veston d'intérieur**

879. vestiaire 1
Syn. de **garde-robe**

880. vestiaire 2 n. m.
things

Ensemble des vêtements d'extérieur et des objets déposés au vestiaire. Ex. : Les spectateurs font la queue pour prendre leur vestiaire.

881. veston 1 n. m.
jacket 4;
coat 3

Veste qui fait partie du complet.

Note. — Le veston est droit ou croisé, cintré ou non, couvre les hanches et comporte un col tailleur, des manches longues, ainsi que plusieurs poches. (Voir ill. n° 46.)

882. veston 2 n. m.
jacket 5

Jaquette de femme rappelant le veston.

883. veston 3 n. m.
tuxedo jacket

Veste du smoking.

884. veston d'intérieur n. m.;
  veste d'intérieur n. f.
smoking jacket

Veste d'homme pourvue de manches longues, à col châle et ceinture nouée (voir ill. n° 138), faite de soie, de satin ou de velours, utilisée comme vêtement de détente, chez soi. (Voir ill. n° 136.)

885. vêtement 1 n. m.
garment 1

Chacun des objets qui servent à couvrir le corps tout en le protégeant ou l'ornant.

Note. — Certains accessoires ne sont pas inclus dans la notion de vêtement, par exemple, les sacs, bijoux, etc.

On peut distinguer les catégories de vêtements suivantes :

a) vêtements de soirée : somptueux destinés aux réceptions et soirées mondaines.
evening wear
b) vêtements habillés.
dressy clothes
c) vêtements de ville : discrets et d'une certaine élégance que l'on porte dans la journée.
street clothes; townwear
d) vêtements sport : confortables, de tissu robuste et de style sobre. De nos jours, ils se portent à toute heure pour le voyage, la détente, le travail.
casual wear; sportswear
e) vêtements de sport : adaptés à la pratique des sports.
sportswear
f) vêtements d'intérieur : que l'on porte chez soi, dans l'intimité.
indoor clothes; homewear

886. vêtement 2 n. m.
garment 2

Vêtement de dessus par opposition à sous-vêtement.

887. vêtement de dessus n. m.
outerwear;
overgarment

Se dit des vêtements portés sur les sous-vêtements, et conçus pour l'intérieur et l'extérieur selon l'usage et le climat. Ex. : Le manteau, la robe, le complet, la veste, la jupe, le chemisier, le chandail sont tous des vêtements de dessus.

888. vêtir
Syn. **d'habiller**

889. **vêtir, se**
Syn. de **s'habiller 1**

890. **visière 1** n. f.
Terme à éviter : palette
peak;
visor
V. o. *vizor*

Partie antérieure d'une casquette ou d'un casque qui avance au-dessus des yeux pour les protéger. (Voir ill. n° 260.)

891. **visière 2** n. f.
eyeshade

Écran en forme de croissant souvent de matière rigide et translucide, que l'on porte sur le front pour protéger les yeux de la lumière trop vive.

Note. — La visière est habituellement assujettie autour de la tête par un ruban réglable ou élastique.

892. **voile** n. m.
veil 1

Pièce de tulle, de dentelle ou d'une autre étoffe légère et diaphane, dont les femmes se couvrent la tête et parfois le visage dans certaines circonstances. Ex. : voile de mariée.

Note. — Le voile peut être coupé en forme de triangle, de carré, etc., de dimensions variables.

893. **voilette** n. f.
hat veil;
veil 2

Petit voile de tulle uni, brodé ou moucheté, qui sert de garniture à un chapeau.

Note. — La voilette peut recouvrir entièrement ou partiellement le visage et se relever à volonté. Elle se porte aussi parfois seule, en guise de coiffure.

894. **volant** n. m.
Terme à éviter : frison
flounce;
frill;
ruffle

Garniture faite d'une bande d'étoffe légère cousue sur un vêtement, et dont l'extrémité libre retombe en formant des plis. Ex. : manche bordée d'un volant; jupe à volants étagés. (Voir ill. n° 132.)

Illustrations

1. paletot

2. col chevalière

3. poche appliquée ou plaquée

4. paletot

5. col tailleur

6. pardessus

7. rabat

8. trench-coat ou trench

9. patte d'épaule

10. bavolet

12. passant

11. patte (de serrage ou de réglage)

13. raglan

14. manche raglan

15. boutonnage sous patte

16. poche raglan ou à patte raglan

17. redingote

18. découpe (bretelle)

20. melon ou chapeau melon

19. macfarlane

23. chapeau de feutre ou feutre

24. bourdalou

22. pèlerine

21. baguette

25. cape pèlerine

27. poncho

26. passe-bras

28. canadienne

29. corvette ou duffle-coat

30. capuchon

31. brandebourg

32. olive ou bûchette

33. poche à rabat

35. bonnet

34. parka

36. cordon (de serrage) ou lacet (coulissant)

37. patte de bou- tonnage

41. anorak (classique)

42. anorak (mode)

43. fuseau ou pantalon fuseau

38. caban

39. poche repose-bras

40. double boutonnage

44. surpantalon

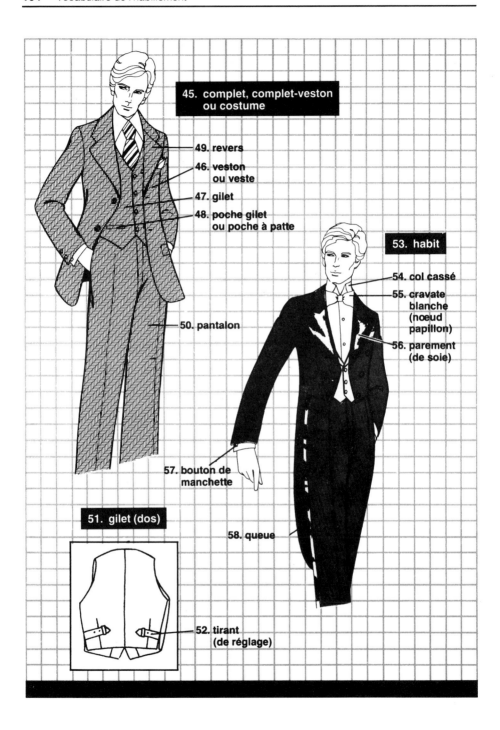

45. complet, complet-veston ou costume

49. revers
46. veston ou veste
47. gilet
48. poche gilet ou poche à patte

53. habit

54. col cassé
55. cravate blanche (noeud papillon)
56. parement (de soie)

50. pantalon

57. bouton de manchette

51. gilet (dos)

58. queue

52. tirant (de réglage)

59. jaquette

60. haut-de-forme, chapeau haut-de-forme ou chapeau de soie

61. basque

62. smoking

63. cravate noire (noeud papillon)

64. pochette

65. pochette

67. spencer 1

66. spencer 2

73. survêtement

72. pull d'entraî-
nement

69. combinaison ou bleu(s)

73. survêtement

70. col transformable

71. ceinture incrustée

74. sarrau

75. col Claudine

76. empiècement

77. blouse (de laboratoire)

78. chasuble ou robe-chasuble

79. tunique

84. coiffe

80. découpe
(princesse)

81. encolure
ras du cou

82. tablier taille

83. poche
kangourou

85. tablier à thé
(avec bavette)

88. combinaison-pantalon

87. combinaison-short

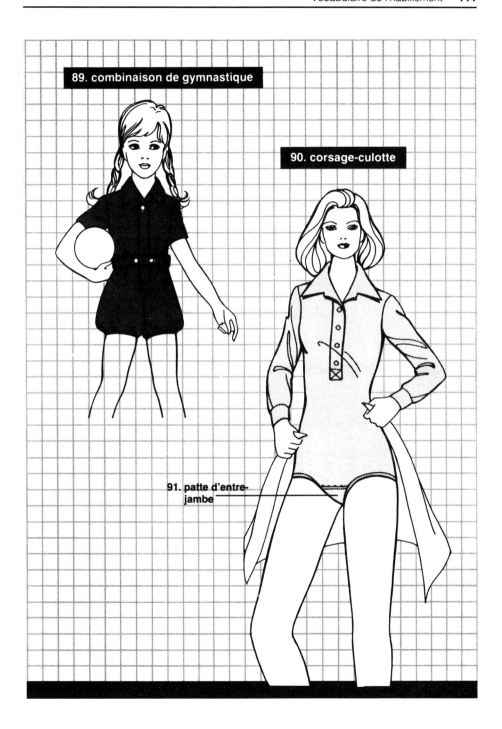

89. combinaison de gymnastique

90. corsage-culotte

91. patte d'entre-jambe

92. bain-de-soleil

94. brassière

93. ceinture montée

95. cache-cœur

97. polo

98. patte polo

99. poche poitrine

96. attaches

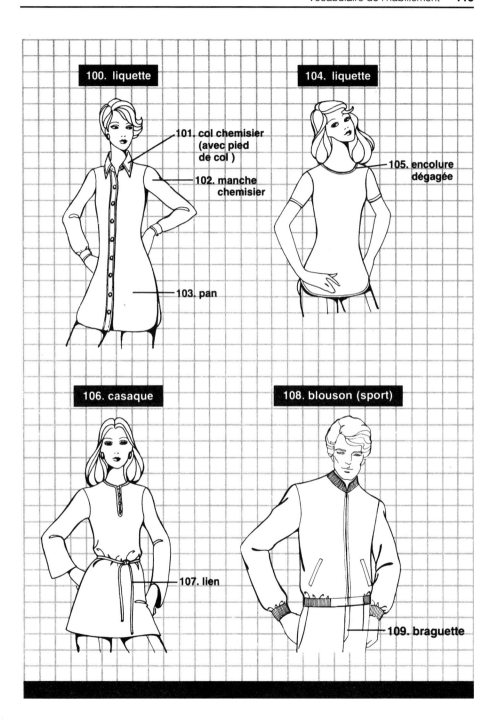

100. liquette

101. col chemisier (avec pied de col)

102. manche chemisier

103. pan

104. liquette

105. encolure dégagée

106. casaque

107. lien

108. blouson (sport)

109. braguette

110. blouson (mode)

111. saharienne

112. poche soufflet

113. mackinaw

114. gilet de laine

115. débardeur

117. tandem

116. col roulé

118. pull

119. cardigan

120. veste de laine

121. robe enveloppe

122. jupe portefeuille

123. paréo

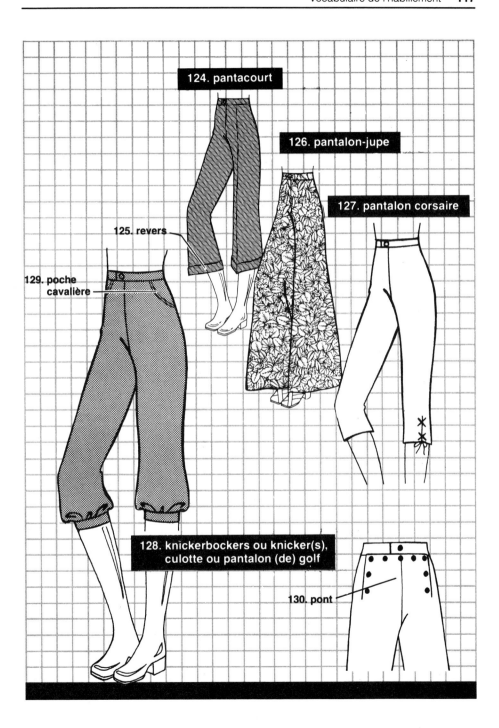

124. pantacourt

126. pantalon-jupe

127. pantalon corsaire

125. revers

129. poche cavalière

128. knickerbockers ou knicker(s), culotte ou pantalon (de) golf

130. pont

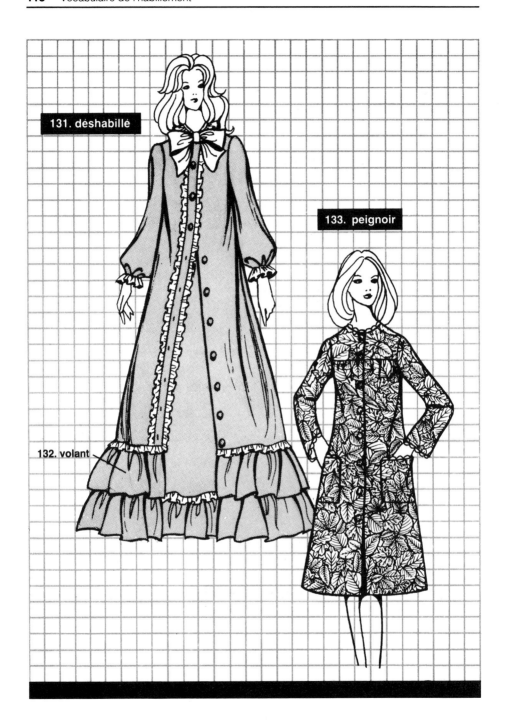

131. déshabillé

133. peignoir

132. volant

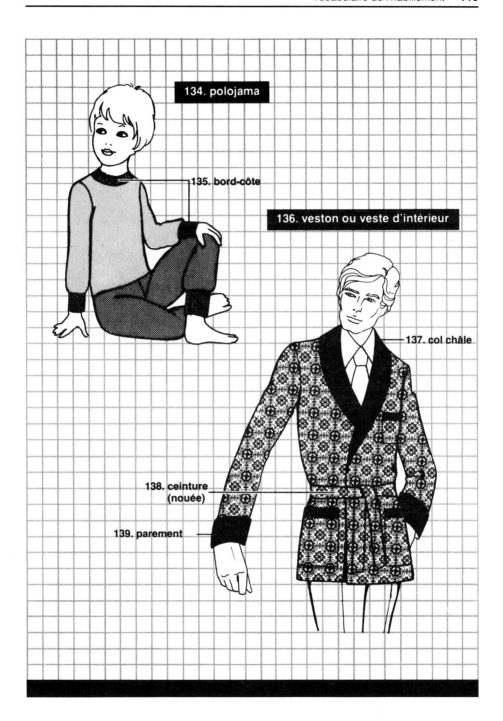

134. polojama

135. bord-côte

136. veston ou veste d'intérieur

137. col châle

138. ceinture (nouée)

139. parement

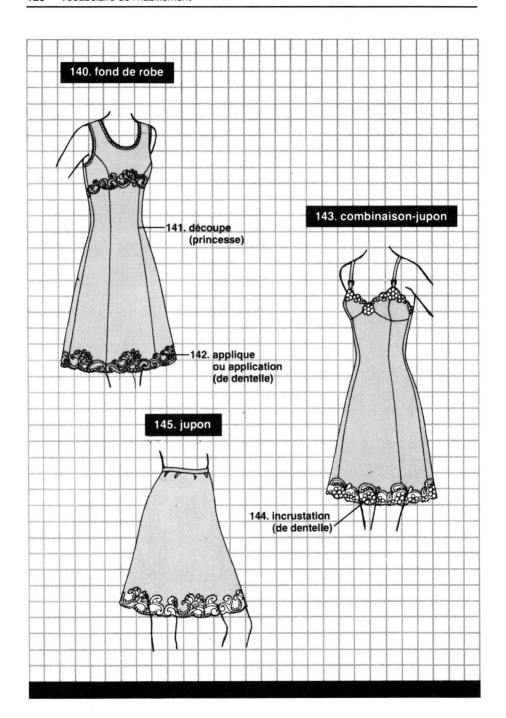

140. fond de robe

141. découpe (princesse)

142. applique ou application (de dentelle)

143. combinaison-jupon

145. jupon

144. incrustation (de dentelle)

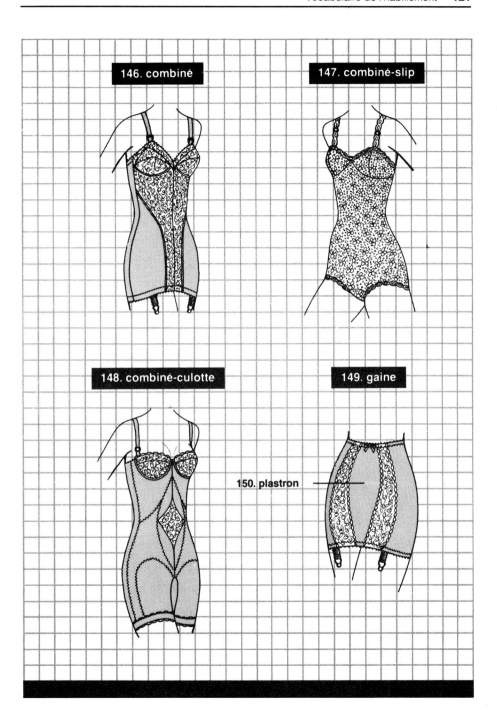

146. combiné

147. combiné-slip

148. combiné-culotte

149. gaine

150. plastron

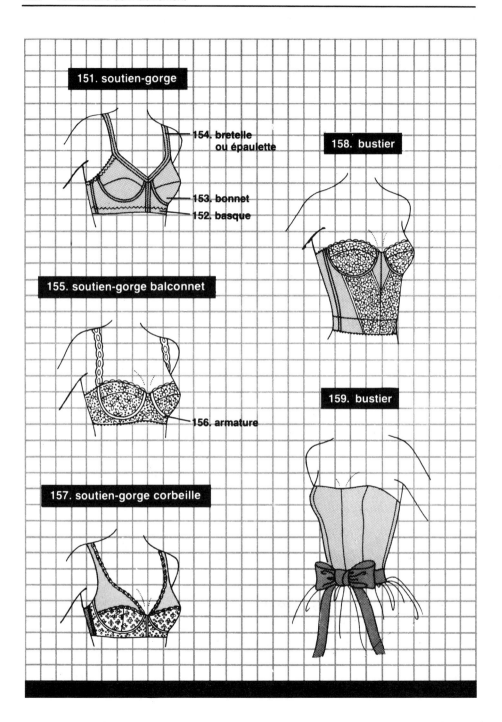

151. soutien-gorge

154. bretelle ou épaulette

158. bustier

153. bonnet

152. basque

155. soutien-gorge balconnet

156. armature

159. bustier

157. soutien-gorge corbeille

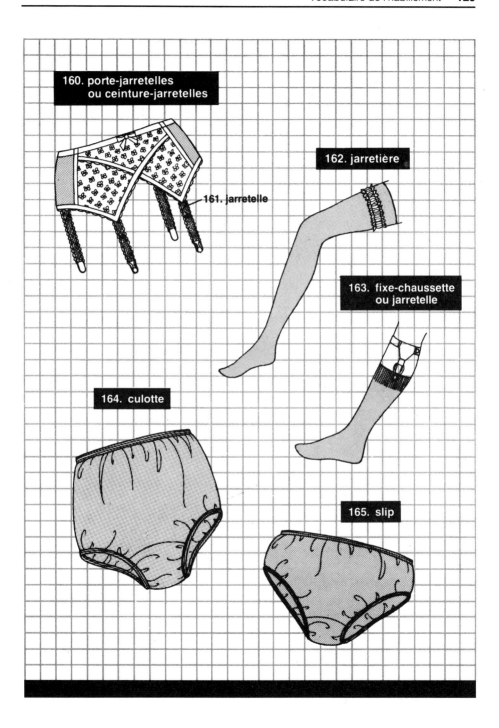

160. porte-jarretelles ou ceinture-jarretelles

161. jarretelle

162. jarretière

163. fixe-chaussette ou jarretelle

164. culotte

165. slip

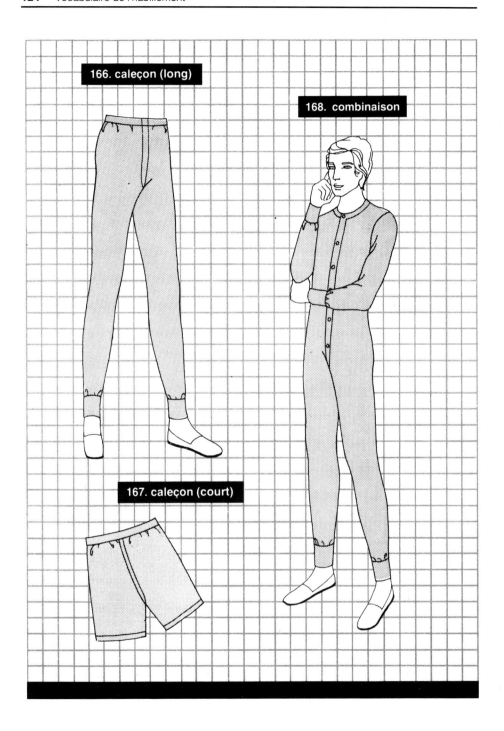

166. caleçon (long)

168. combinaison

167. caleçon (court)

169. grenouillère

171. nid d'ange

170. pied

173. habit de neige

172. combinaison de nuit, grenouillère ou dormeuse

175. col chinois

174. col montant, col officier, col droit ou col debout

176. brandebourg

179. col banane

178. manche à même

177. encolure bateau

180. décolleté en cœur

181. collerette

182. encolure drapée

183. décolleté drapé

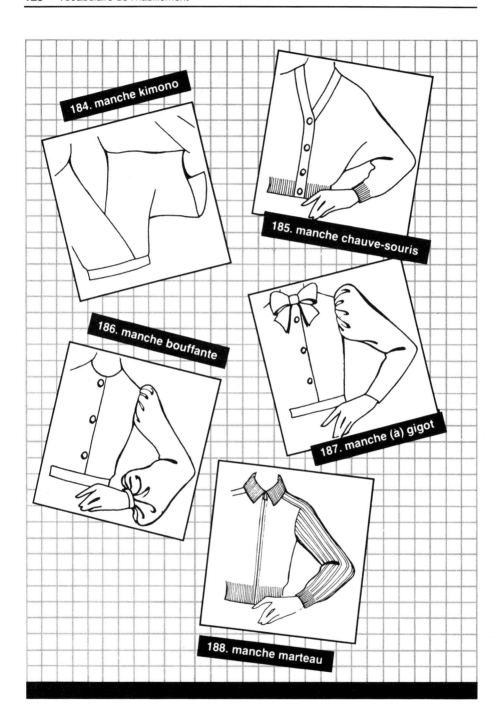

184. manche kimono

185. manche chauve-souris

186. manche bouffante

187. manche (à) gigot

188. manche marteau

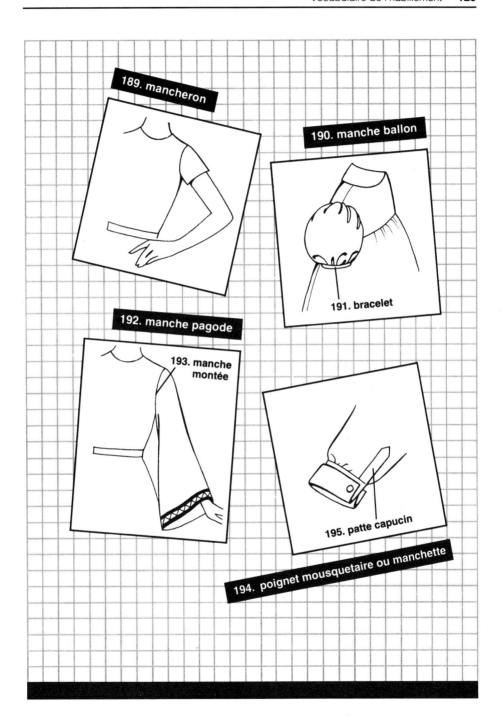

189. mancheron

190. manche ballon

191. bracelet

192. manche pagode

193. manche montée

195. patte capucin

194. poignet mousquetaire ou manchette

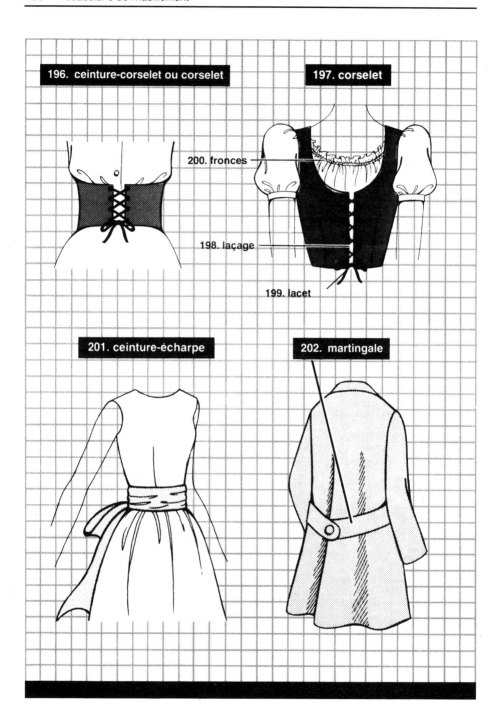

196. ceinture-corselet ou corselet

197. corselet

200. fronces

198. laçage

199. lacet

201. ceinture-écharpe

202. martingale

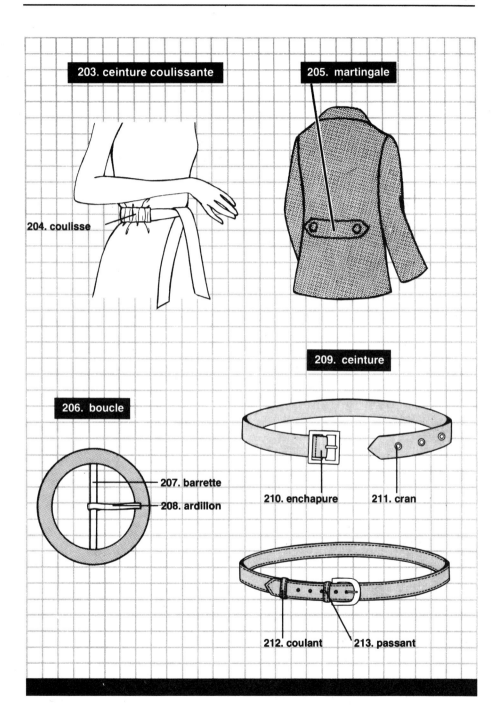

203. ceinture coulissante

205. martingale

204. coulisse

209. ceinture

206. boucle

207. barrette

208. ardillon

210. enchapure

211. cran

212. coulant

213. passant

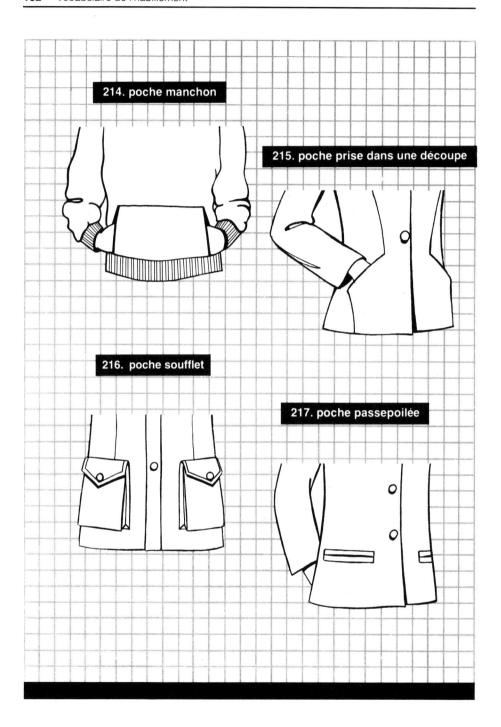

214. poche manchon

215. poche prise dans une découpe

216. poche soufflet

217. poche passepoilée

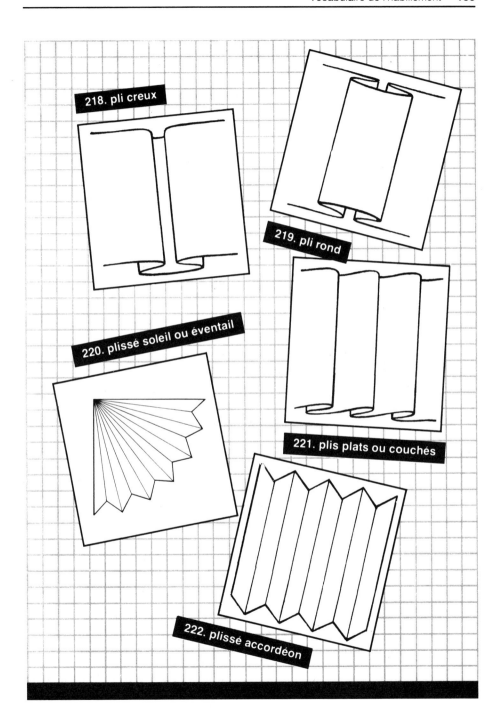

218. pli creux

219. pli rond

220. plissé soleil ou éventail

221. plis plats ou couchés

222. plissé accordéon

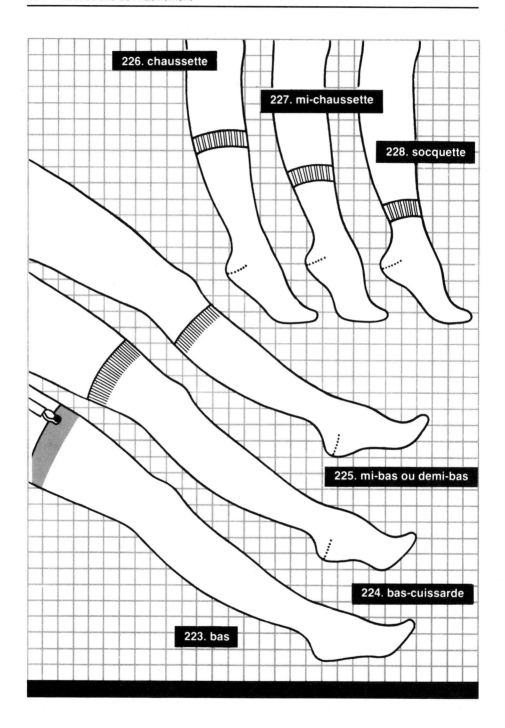

226. chaussette

227. mi-chaussette

228. socquette

225. mi-bas ou demi-bas

224. bas-cuissarde

223. bas

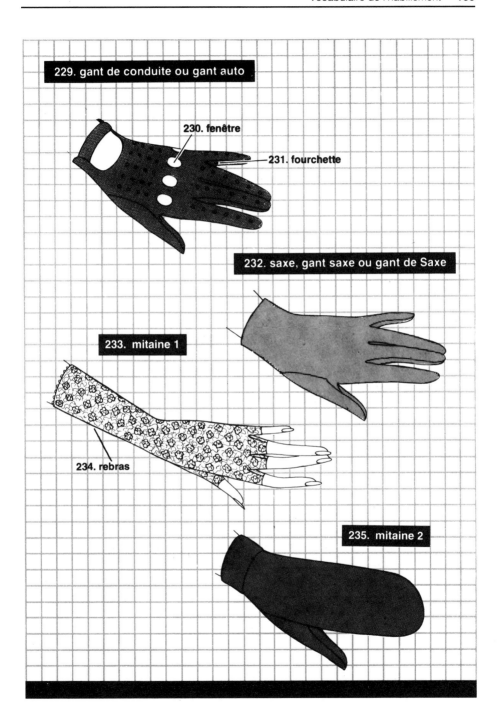

229. gant de conduite ou gant auto

230. fenêtre

231. fourchette

232. saxe, gant saxe ou gant de Saxe

233. mitaine 1

234. rebras

235. mitaine 2

236. charlotte

237. tambourin

238. toque

239. col boule

240. bob (bord relevé)

242. calotte

241. bob (bord baissé)

243. col marin

244. modestie

245. suroît

247. pompon

246. tourmaline

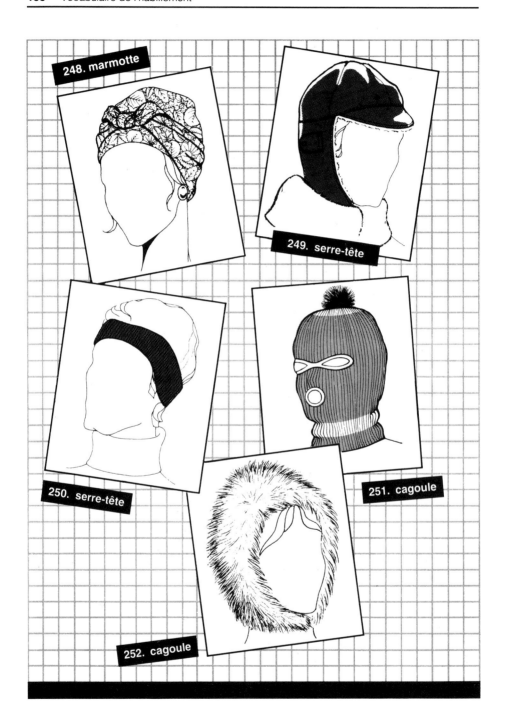

248. marmotte

249. serre-tête

250. serre-tête

251. cagoule

252. cagoule

253. cagoule ou passe-montagne

254. tuque

255. passe-montagne (transformable)

256. passe-montagne (transformé)

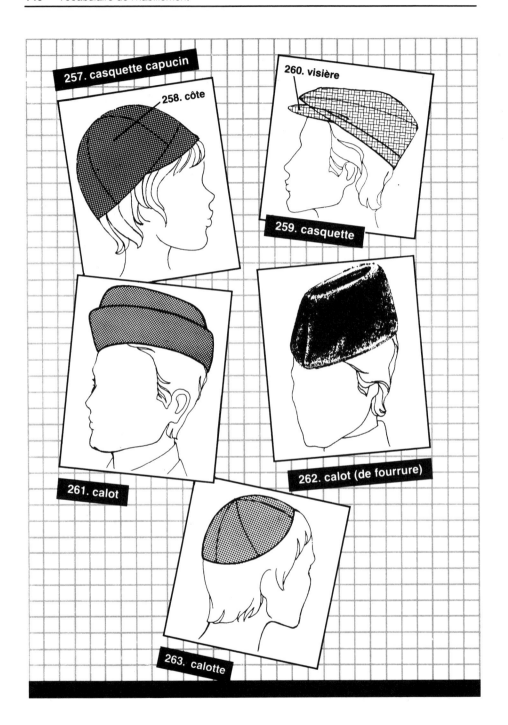

257. casquette capucin
258. côte
260. visière
259. casquette
261. calot
262. calot (de fourrure)
263. calotte

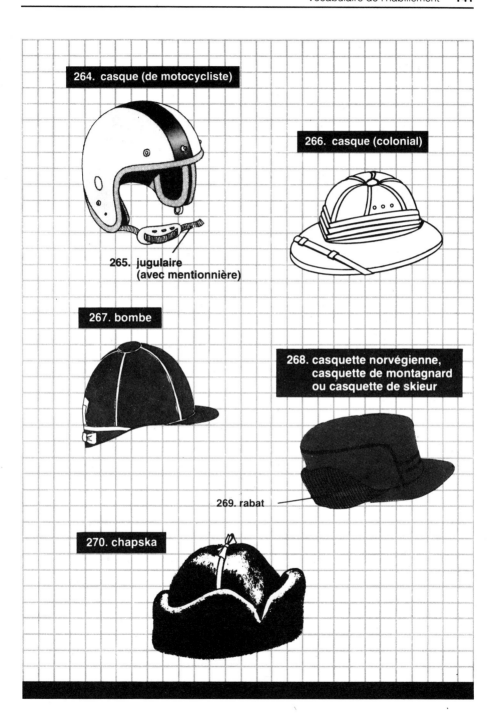

264. casque (de motocycliste)

266. casque (colonial)

265. jugulaire (avec mentionnière)

267. bombe

268. casquette norvégienne, casquette de montagnard ou casquette de skieur

269. rabat

270. chapska

271. boa

272. cache-nez

273. ascot (nouée)

274. ascot

275. cravate club

276. lavallière
ou cravate lavallière

Bibliographie*

1. Dictionnaires et encyclopédies

BAILLY, René. *Dictionnaire des synonymes*, Paris, Librairie Larousse, 1969.

BARNHART, Clarence L., Sol STEINMETZ et Robert K. BARNHART. *The Barnhart Dictionary of New English since 1963*, Bronxville, New York, Evanston, San Francisco, London, Barnhart/Harper & Row, Publishers, 1973.

BÉLISLE, Louis-A. *Petit Dictionnaire canadien de la langue française*, Montréal, Éditions Aries, 1969.

BÉNAC, Henri. *Dictionnaire des synonymes*, Paris, Librairie Hachette, 1978.

BLOCH, O., et W. von WARTBURG. *Dictionnaire étymologique de la langue française*, Paris, P.U.F., 1960.

BRILLE, E. *Petit Dictionnaire de l'habillement anglais-français*, Paris, C.E.T.I.H. 22 p. [Non publié.]

BRILLE, E. *Dictionnaire de l'habillement français-anglais-allemand*, Paris, C.E.T.I.H. 23 p. [Non publié.]

CHANCRIN, R.-E.-Jeanne et autres. *Larousse ménager*, Paris, Librairie Larousse, 1955.

COLPRON, Gilles. *Les Anglicismes au Québec. Répertoire classifié*, Montréal, Éditions Beauchemin ltée, 1982.

DAGENAIS, Gérard. *Dictionnaire des difficultés de la langue française au Canada*, Montréal, Éditions Pedagogia inc., 1967.

Dictionnaire du français plus, Montréal, Centre éducatif et culturel, 1988.

---

* Cette bibliographie est en grande partie celle de la première édition. Quelques ouvrages récents consultés pour la troisième édition y ont cependant été ajoutés.

Dictionnaire québécois d'aujourd'hui, Montréal, Dicorobert, 1992.

DUBOIS, Marguerite-Marie. *Dictionnaire moderne français-anglais, anglais-français*, Paris, Librairie Larousse, 1984.

DUPRÉ, P. *Encyclopédie du bon français dans l'usage contemporain*, Paris, Éditions de Trévise, 1972. 3 vol.

GIRAUD, J., P. PAMART et J. RIVERAIN. *Les Mots « dans le vent »*, Paris, Librairie Larousse, 1971. (Coll. La Langue vivante)

GIRAUD, J., P. PAMART et J. RIVERAIN. *Les Nouveaux Mots « dans le vent »*, Paris, Librairie Larousse, 1974. (Coll. La langue vivante)

Glossaire du parler français au Canada, réimpression de l'éd. de 1930, Québec, Presses de l'Université Laval, 1968.

Grand Dictionnaire encyclopédique Larousse, Paris, Librairie Larousse, 1984-1985, 15 vol.

Grand Larousse de la langue française en sept volumes, sous la direction de Louis Guilbert et autres, Paris, Librairie Larousse, 1971-1978.

HANSE, Joseph. *Nouveau dictionnaire des difficultés du français moderne*, Paris-Louvain, Les Éditions Duculot, 1987.

Harrap's New Standard French and English Dictionary, Part one, French-English, revised and edited by D.M. and R.P.L. Ledésert, London, Toronto, Vancouver, Harrap London in association with Clarke, Irwin and Company Ltd., 1973, 2 vol.

Harrap's Shorter French and English Dictionary, French-English, English-French, complete in one volume, London and Paris, 1991.

LELOIR, Maurice, et André DUPUIS. *Dictionnaire du costume et de ses accessoires, des armes et des étoffes des origines à nos jours*, Paris, Librairie Gründ, 1951. 390 p.

Lexique des articles d'habillement. Bezeichnungen der Bekleidungsarbkel. Glossary of garments designations. Lessico degli articoli d'abbligliamento, extrait de la revue « Techniques de l'habillement », Paris, Astéria [1971], 119 p. (Coll. C.E.T.I.H.)

LITTLE, W., H.W. FOWLER and J. COULSON. *The Shorter Oxford English Dictionary*, 3rd edition revised with addenda, Oxford, Clarendon Press, 1970.

Petit Larousse illustré, Paris, Librairie Larousse, 1992.

RAMA, Louis. *Vocabulaire technique de l'industrie de la chaussure (français, English, Deutsch, italiano, español)*, Paris, O.E.C.D. Publications, 1969. IX-396 p.

RAMA, Louis. *Dictionnaire technique de l'industrie de la chaussure*, Lyon, Centre technique du cuir, 1973. XXXIX-406 p.

RAMA, Louis. *Dictionnaire technique de la maroquinerie [...]*, Lyon, Centre technique du cuir, 1975. XXVIII-532 p.

The Random House Dictionary of the English Language, the Unabridged Edition, Jess Stein, Editor in chief, New York, Random House, 1987.

ROBERT, Paul. *Dictionnaire alphabétique et analogique de la langue française*, Paris, Société du Nouveau Littré, 1984, 6 vol., 1 suppl.

ROBERT, Paul. *Le Petit Robert. Dictionnaire alphabétique et analogique de la langue française*, Paris, Société du Nouveau Littré, Le Robert, 1970.

ROBERT, Paul. *Le Petit Robert. Dictionnaire alphabétique et analogique de la langue française*, Paris, Société du Nouveau Littré, Le Robert, 1993.

Roget's International Thesaurus, 3rd edition, New York, Thomas Y. Crowell Company, 1962.

THOMAS, Adolphe V. *Dictionnaire des difficultés de la langue française*, Paris, Librairie Larousse, 1983.

TRÉSOR DE LA LANGUE FRANÇAISE. *Dictionnaire de la langue du XIXe et du XXe siècle (1789-1960)*, sous la direction de Paul Imbs, Paris, Éditions du Centre national de la recherche scientifique, 1971-. 15 vol. parus : de « A à T-Incarner », en cours de publication.

Webster's Third New International Dictionary of the English Language (Unabridged), Philip Babcock Gove, Editor in chief, Springfield, Mass., G. and C. Merriam Company, 1986.

2. Ouvrages spécialisés

ALMEIRAS, Roger d', Annie BOUQUET et Anne-Marie PAJOT. *La Couture et la Broderie*, Verviers (Belgique), Gérard et C°, 1969, 319 p. (Coll. Marabout Service, n° 177)

The Anatomy of Sports Outerwear, Great Neck, N.Y., Kogos Publications, 1963. 64 p.

BOUCHER, François. *Histoire du costume en Occident de l'Antiquité à nos jours*, Paris, Flammarion, 1965. 447 p.

Commission d'étude pour le perfectionnement technique féminin. *Dessin technique. Expression graphique des techniques de l'habillement*, Bruxelles, Éditions Labor. 66 p. [Sans date.]

CUNNINGHAM, Gladys. *Singer sewing book. The complete guide to sewing*, New York, Golden Press, 1987. 428 p.

Étude de fabrication d'une robe chemisier, Paris, Éditions Astéria, 1965, 54 p. (Coll. C.E.T.I.H.)

GEBBIA, A. *Modern Method of Women's and Children's Garment Design*, Chicago, The Master Designer, 1971. 161 p.

KYBALOVA, Ludmila, Olga HERBENOVA et Milena LAMAROVA. *Encyclopédie illustrée de la mode*, Paris, Gründ, 1970. 599 p.

MacKINNON OF DUNAKIN, C.R. *Tartans and Highland dress*, Glasgow and London, Collins, 1960. 128 p.

SÉLECTION DU READER'S DIGEST. *Guide de la couture pratique et créative*, s.l., Sélection du Reader's Digest, 1976. 526 p.

SÉVERIN, J. *Précis méthodique de couture et raccommodage*, Paris, Librairie Jacques Lanore, 1967. 127 p.

SÉVERIN, J. *Précis méthodique de coupe*, Paris, Librairie Jacques Lanore, 283 p. [Sans date.]

VILLEHUCHET, M.-F. de la. *Guide de coupe et couture*, Paris, Brodard et Taupin, 1968. 318 p. (Coll. Le Livre de poche pratique)

VILLEHUCHET, M.-F., et Marcelle de COULON. *Guide du tricot*, Paris, Librairie générale française, 1966. 285 p. (Coll. Le Livre de poche pratique)

3. Catalogues

Au Vieux Campeur, hiver 1972-1973, Paris.

Catalogue 3 Suisses, automne-hiver 1971-1972, Roubaix.

Catalogue 3 Suisses, automne-hiver 1989-1990, Roubaix.

C'est toute la mercerie, printemps-été 1971, Lille, Association générale de distribution.

Eaton automne-hiver 1976, Toronto.

Eaton's, Spring and Summer 1976, Toronto.

Manufrance. Manufacture française d'armes et cycles, Saint-Étienne (Loire), 1971.

Prénatal, automne-hiver 1969-1970, Paris.

La Redoute, automne-hiver 1971-1972.

La Redoute et votre famille, printemps-été 1972.

La Redoute automne-hiver 1989-1990.

Sears, automne-hiver 1974, Toronto.

Sears, Fall and Winter 1974, Toronto.

Sears, automne-hiver 1993.

Sears, Fall and Winter 1993.

Sears — réclame d'automne 1993.

4. Périodiques

Boutiques de France. La revue de Paris qui parle mode à l'Europe, bimensuel, Paris, années 1970-1973.

Collections, trimestriel, Paris, Publications Louchel, années 1970-1973.

Femme, trimestriel, Paris, Publications Louchel, automne-hiver 1970-1971. [Avec traductions en anglais, allemand, espagnol et italien.]

Ganterie, Vêtements de peau, (revue technique de l'industrie française du gant et des vêtements de peau), bimestriel, Paris, Éditions Archat, années 1972, 1973. [Avec traductions en anglais et en allemand.]

Hebdo J.T. Journal du textile, Paris, années 1972, 1973.

L'Homme, le Maître Tailleur, Paris, Les Éditions Vauclair S.A.R.L., (éditions magazine et technique), 1966-1968 (mensuel); 1968-1973 (bimestriel).

International Textiles, mensuel, English, francais, Deutsch, español, Nederlands, Amsterdam, années 1972, 1973.

Modes et Travaux, mensuel, Paris, Société anonyme des éditions Édouard Boucherit, années 1965-1973.

L'Officiel du prêt-à-porter, trimestriel, Paris, Société d'édition de la presse textile, n°s 57, 61, 62, 63, 69, 70, 72 (années 1970-1974).

Revue de la mercerie, nouveautés, bonneterie, lingerie, confections, (Publication d'informations des commerces du textile, de l'habillement et industries qui s'y rattachent), mensuel, Paris, Société Veuve Duc et Fils et Gendre. N°s 544 (oct. 1970); 546 (déc. 1970); 548 (fév. 1971).

Seventh Annual Fiber, Fabric and Fashion Guide. *Apparel Manufacturer*, Riverside, Ct., Forge Association Publications, Inc., January 1972, p. 18-47; Eight Annual Fiber, Fabric and Fashion Guide, January 1973, p. 17-47.

Vêtir modes et techniques, revue européenne de l'habillement, Paris, Éditions Vauclair, mai 1973.

Vêtir. Textiles, Habillement, Bonneterie, Paris, Compagnie française d'éditions, années 1970-1973.

Vogue (édition anglaise), mensuel, New York, The Condé Nast Publications, années 1972, 1973.

Vogue (édition française), mensuel, Paris, Éditions Condé Nast, années 1972, 1973.

5. Divers

Afnor. *Textiles. Articles de bonneterie. Bas, mi-bas, chaussettes, mi-chaussettes et socquettes. Taille, désignation, marquage*, (Nf G30-001), Paris, Afnor, décembre 1974. (Norme expérimentale.)

Afnor. *Textiles. Articles de bonneterie. Dimensions de base des unités de vente*, (NF G30-010), Paris, Afnor, août 1974. (Norme expérimentale.)

Fiches de Radio-Canada.

Index des termes anglais

A

accordion pleats, 650
adjustable sleeve tab, 619
adjustable strap, 92
adjustable waist tab, 836
after-ski sock, 179
all-nude panty hose, 21
almost-elbow length glove, 429
ankle sock, 789
anklet, 789
anorak, 4
apache tie, 288
appliqué, 6
apron, 816
apron-string, 262
armhole 1, 342
armhole 2, 343
armhole 3, 344
armhole 4, 345
armhole 5, 346
armscye 1, 342
armscye 2, 343
armscye 3, 344
armscye 4, 345
armscye 5, 346
arm slit, 610
ascot tie, 9
Assomption sash, 154
athletic shirt, 436
athletic undershirt, 436
attached, 831
attached collar, 239
attire, 566

B

babushka, 379
baby doll, 578
baby-linen, 506
back belt 1, 557
back belt 2, 558
back hip pocket, 685
back pocket, 685
bag, 654
bag-sleeve, 531
balaclava helmet, 611
band collar, 217
bandeau 1, 13
bandeau 2, 15
bar, 17
bare midriff ensemble, 325
barrel cuff, 697
bateau neck, 355
bateau neck-line, 355
bathing-cap, 53
bathing slip, 786
bathing suit, 525
bathing-trunks, 116
bathrobe 1, 522
bathrobe 2, 750
bathrobe 3, 777
bathrobe 4, 790
bath-wrap, 790
battle jacket, 45
batwing sleeve, 532
beach dress, 756
bed jacket, 516
bedsock, 178

C

dungarees 2, 278
dungarees 3, 771
duster 1, 107
duster 2, 624

E

ear-flap, 581
easy to dress, 453
edge, 55
edge-to-edge, 58
edging, 612
ensemble, 363
epaulet 1, 373
epaulet 2, 618
epaulet sleeve, 537
epaulette 1, 373
epaulette 2, 618
evening dress 1, 463
evening dress 2, 759
evening gown, 759
evening wear, 885
evening wrap, 791
eyelet, 579
eyeshade, 891

F

face mask, 111
facing 1, 602
facing 2, 603
fall 1, 710
fall 2, 843
false pocket, 381
falsie, 283
fancy dress, 273
fan pleats, 652
fastener, 10
fastening, 10
fatigue dress, 70
felt hat, 165
fichu 1, 392
fichu 2, 701
fishnet stocking, 27
fit, to, 2, 376
fitted, 192
fitted sleeve, 534
fitting snugly, 714

flap 1, 710
flap 2, 728
flap pocket, 689
flare, 442
flat collar, 232
floating panel, 586
flounce, 894
fly, 88
fly front closing, 80, 613
fob pocket, 672
foot, 630
footglove, 180
foot sock, 180
footstrap, 621
fork 1, 362
fork 2, 371
fork 3, 406
formal, 463
formal dress, 839
foundation garment, 799
foundation slip, 399
fourchette, 407
french cuff, 698
frill, 894
frog, 89
front (of a garment), 326
front top pocket, 662
front wrap top, 103
full dress, 463
furbelows, 377
fur hat, 845
fur lined, 408
fur-lined coat, 628
fur-lined glove, 424
fur neckpiece, 287
furred, 408

G

gabardine raincoat, 415
gaiter, 452
gandoura, 418
gandourah, 418
garb 1, 566
garb 2, 833
garment 1, 885
garment 2, 886
garrison-cap, 117
garter 1, 393

H

I

N

O

P

S

V

W

Table des matières

Achevé d'imprimer en septembre 2003
sur les presses de l'Imprimerie
Les Impressions 03, inc.
à Beauport (Québec)

Office québécois de la
langue française

**FICHE D'ÉVALUATION DES
PUBLICATIONS TERMINOLOGIQUES**
(vocabulaire avec illustrations)

Titre : *Vocabulaire de l'habillement*

Identification

Profession : traducteur / traductrice ☐
rédacteur / rédactrice ☐
réviseur / réviseure ☐
enseignant / enseignante ☐
terminologue ☐
spécialiste du domaine traité ☐
autre ☐
précisez _____

_____

Évaluation du contenu

En général, que pensez-vous du choix des termes?

Très bon ☐   Bon ☐   Mauvais ☐

Trouvez-vous les termes que vous cherchez?

Très souvent ☐   Souvent ☐   Rarement ☐   Jamais ☐

Souhaitez-vous que l'Office publie d'autres ouvrages dans le même
domaine ou dans des domaines connexes?

Oui ☐   Non ☐

Si oui, lesquels: _____

_____

_____

_____

À votre avis, existe-t-il d'autres ouvrages plus complets sur le sujet?

Oui ☐   Non ☐

Présentation

Le format (15 cm x 21 cm) vous convient-il?

Bien ☐   Assez bien ☐   Peu ☐   Pas du tout ☐

Les pages de présentation sont-elles utiles pour la consultation?

Très ☐   Assez ☐   Peu ☐   Pas du tout ☐

Les illustrations sont-elles pertinentes?

Très ☐   Assez ☐   Peu ☐   Pas du tout ☐

Les illustrations sont-elles en nombre suffisant?

Oui ☐   Non ☐

Les informations sont-elles présentées clairement?

Très ☐   Assez ☐   Peu ☐   Pas du tout ☐

Mode d'acquisition

Comment avez-vous appris l'existence de cet ouvrage?

_____

_____

Où vous l'êtes-vous procuré?

_____

_____

L'avez-vous trouvé facilement?

Oui ☐   Non ☐

Retourner à : Bureau de la directrice
Direction des services linguistiques
Office québécois de la langue française
750, boulevard Charest Est
Québec (Québec) G1K 9K4